PONGRATZ • BETRIEBSDESASTER

Christian A. Pongratz

betriebsDESASTER

[die.anleitung.zum.untergang]

Ein durchdachtes Buch
durchdacht.cc

Betriebsdesaster ist ein Projekt von
durchdacht.cc

Dr. Dr. Christian A. Pongratz
A-9620 Presseggersee
Österreich

Der Autor im Internet:
www.betriebsdesaster.cc

Produktion und Herstellung:
Druckerei Theiss GmbH
A-9431 St. Stefan im Lavanttal
www.theiss.at

Illustrationen:
Iris Furtlehner

Umschlaggestaltung:
Gregor Tatschl

Layout & Lektorat:
Josef G. Pichler

Lektorat:
Sabine Hartlieb

ISBN 978-3-9503220-8-8

Für meine Oma

Danksagung

Ich möchte mich auf diesem Wege bei folgenden Personen für ihre hoch geschätzte Unterstützung bedanken:

Christian Essl für die Überzeugung, dieses Buch zu schreiben;

Wolfgang Unterhuber für seine Bereitschaft, das *Betriebsdesaster* im „Wirtschaftsblatt" zu veröffentlichen;

Torsten Weidnitzer von der „Kronen Zeitung" für sein Vorwort;

Iris Furtlehner für Illustration und kritische Anregung;

Barbara Zobernig, Heidi Fuchs, Ines Karselius, Werner Hardt-Stremayr und Markus Unterdorfer-Morgenstern für kritische Anregung;

Gregor Tatschl für die Umschlaggestaltung;

Josef G. Pichler für Layout und Lektorat;

Sabine Hartlieb für das Lektorat;

meiner Familie für die ausgezeichneten Rahmenbedingungen.

Inhaltsverzeichnis

Vorwort 11
Warum dieses Buch? 13
Mein Jobdesaster 19

Das Humandesaster 27

Einführung 29
Anleitung zur Bewerberabwehr 31
Anleitung zur Fehlbesetzung 36
Anleitung zur Persönlichkeitsdeformation 40
Anleitung zur Mitarbeiterdemotivation 44
Anleitung zum Managementchaos 56
Anleitung zur Abwanderungsmaximierung 66

Das Organisationsdesaster 69

Einführung 71
Anleitung zum Kommunikationsinferno 73
Anleitung zum Kooperationsfiasko 79
Anleitung zur Provinzialität 82

Das Vertriebsdesaster 87

Einführung 89
Anleitung zum Nullumsatz 91
Anleitung zur Endkundenabwehr 96
Anleitung zur Geschäftskundenabwehr 100

Das Prozessdesaster 105

Einführung 107
Anleitung zum kontinuierlichen
Katastrophenprozess (KKP) 109
Anleitung zur Problemorientierung 112
Anleitung zum Auslagerungsdebakel 115
Anleitung zum Kooperationsinferno 118

Die Sonderdesaster 123

Einführung 125
Anleitung zum Familienbetriebsübergabeinferno 127
Anleitung zur Verwaltungsexplosion 130
Anleitung zur Lieferantenpflanzerei 133
Anleitung zur Unternehmensverblendung 137
Anleitung zum Assistentendrama 140
Anleitung zur Selbstzerstörung 144

Zu schlechter Letzt 149

Das Schlimmste zum Schluss 151
Anleitung zum Bewertungsfanatismus 153
Anleitung zum aufgeblasenen Selbstwertgefühl 155

Quellenverzeichnis 158
Über den Autor 159

Vorwort

Für manche Menschen ist das Leben wie ein Gewitter: Sie stellen sich wo unter und warten, bis es vorbei ist. Dieses Buch richtet sich an die anderen. An jene, die ein selbstbestimmtes Leben führen, erfolgreich sein, den Wettbewerb nicht scheuen, ein Unternehmen gründen oder leiten und ihrer Kreativität freien Lauf lassen wollen. Das ist ein anspruchsvolles Unterfangen, das jede Menge und wohl auch täglich Fallstricke birgt. Und es stolpern viele.

Wie man am besten auf die Nase fällt, lässt sich auf den folgenden Seiten unterhaltsam studieren. Es geht um Fehler, die über kurz oder lang verlässlich zum Scheitern führen - zum persönlichen, aber oft genug auch zum Scheitern des Unternehmens. Aber Spaß beiseite: Die Pleite findet ihre wichtigste Ursache in unternehmerischem Versagen. So meldet es jedenfalls der Kreditschutzverband von 1870, der die Ursachen von Insolvenzen untersucht. Demnach sind „innerbetriebliche Ursachen“ im Jahr 2010 zu 44 Prozent der Grund für Unternehmenszusammenbrüche gewesen. Zehn Jahre davor waren es nur 22 Prozent. Es lohnt sich also, sich mit den Gefahren des Wirtschaftsalltags gründlich vertraut zu machen - nur was man kennt, kann man vermeiden oder bekämpfen.

Noch etwas gilt es bei der Lektüre des *Betriebsdesasters* zu beachten. Wer sich strikt an die Ratschläge hält, hat eine exzellente Chance, sein Leben zu verkürzen. Warum? Weil Selbständige im Schnitt zwei Jahre länger leben und seltener krank sind als Unselbständige - das erhob die Sozialversicherungsanstalt der gewerblichen Wirtschaft. Dieser erfreuliche Effekt tritt aber wohl nur dann ein, wenn es gelingt, das Unternehmen auf der Erfolgsspur zu halten. Hingegen wurde eine lebensverlängernde Wirkung einer Pleite bisher noch nie nachgewiesen.

Torsten Weidnitzer

Warum dieses Buch?

Betriebsdesaster ist ein Buch, das geschrieben werden musste.

Es überrascht mich, dass ich es erst jetzt schreibe. Ich gestehe Ihnen vorweg gleich das Wichtigste: Ich erforsche und biete Beratung für alle Arten von Unternehmenszerstörungen und katastrophalen Zuständen im Betrieb, kurz: Ich bin leidenschaftlicher und weltweit tätiger Experte für *Betriebsdesaster* aller Art, vornehmlich in Klein-, Mittel- und Großbetrieben, also überall. Sollten Sie von mir noch nicht gehört haben, so ist damit nur bewiesen, dass es auch für Sie höchst an der Zeit ist, sich mit den wesentlichen Rahmenbedingungen für den Misserfolg Ihres Unternehmens vertraut zu machen. Kurz: Sie sind immer noch zu erfolgreich! Das können Sie mithilfe dieses Buches ändern.

Meine Nähe zum Thema ist historischen Ursprungs. Ich habe im Zuge meiner Tätigkeit als Wirtschaftskonsulent teilweise Menschen erlebt, die sich aufrichtig und mit ganzer Kraft um den Aufbau von gewichtigen Faktoren für den betrieblichen Untergang wie Mitarbeiterdemotivation, Kommunikationsinferno, Kundenunzufriedenheit, Vertriebsdesaster, Prozessversagen etc. bemüht haben. Ich war fasziniert, wie lange man mit einer solchen Unternehmensvernichtungsstrategie am Markt überlebensfähig bleibt, selbst wenn sogar die Geschäftsleitung „hyperaktiv" am Untergang mitarbeitet.

Obiges gilt ausschließlich für Privatunternehmen. Im öffentlichen Bereich kennt meine Begeisterung von vornherein kaum Grenzen, denn hier ist bekannt, dass Profis am Werk sind. Betriebe der öffentlichen Hand sind in Sachen *Betriebsdesaster* der Privatwirtschaft um Längen voraus.

Die öffentliche Hand hat im Gegensatz zu Privatunternehmen zwei besondere Vorteile. Die Akteure des dortigen *Betriebsdesasters* sind als Beamte erstens unkündbar, was bedeutet, dass man jahrelang an der Perfektionierung eigener Desasterkompetenz arbeiten kann, ohne Gefahr zu laufen, versetzt oder gar gekündigt zu werden. Der zweite Vorteil erklärt sich durch die kontinuierliche

Desasterfinanzierung mittels Steueraufkommen – weder Gläubiger noch Konkurs gefährden das bunte Treiben in Desasterforschung und -entwicklung. Es verwundert somit nicht, dass wesentliche Grundbausteine des *Betriebsdesasters* in ihrer ursprünglichen und reinsten Form in der öffentlichen Verwaltung gefunden werden können.

Als einer der Ersten interessierte sich Dr. Wolfgang Unterhuber vom „Wirtschaftsblatt“ für die Ergebnisse meiner Forschung. Die durch die Veröffentlichungen im „Wirtschaftsblatt“ hervorgerufenen Reaktionen motivierten mich schließlich, noch genauer in die Abgründe des wirtschaftlichen Handelns zu blicken und dieses Buch zu schreiben. An dieser Stelle möchte ich auch der geschätzten Leserschaft meiner Beiträge besonderen Dank für ihre Anregungen und Kommentare aussprechen.

Schnell wurde mir klar, dass meinen Erkenntnissen mehr Platz eingeräumt werden sollte. Dieses Buch ist daher eine Anleitung für alle diejenigen, die sagen: „Die Kompetenz zum *Betriebsdesaster* darf nicht ausschließlich besonderen Zirkeln und Eliten vorbehalten sein, diese Expertise muss an die breite Öffentlichkeit!“

Sind Ihnen die eigenen Erfolge bereits zur Normalität geworden und brennen Sie vor Verlangen, Ihr Unternehmen elegant in den Untergang zu führen, so soll Ihnen dieses Buch als Leitfaden in die Katastrophe dienen.

Falls Sie in Ihrer betrieblichen und persönlichen Entwicklung noch nicht so weit sind, diesen Schritt zu wagen, so lassen Sie sich wenigstens anregen und inspirieren. Die folgenden Kapitel geben Ihnen die notwendigen Werkzeuge in die Hand, mithilfe derer Sie es alleine schaffen können, Ihr „Schiff zu versenken“. Vorbei sind die Zeiten, in denen es noch der Unterstützung desaströser Mitarbeiter, Kunden oder Lieferanten bedurfte, um sich in Richtung Nullumsatz zu bewegen. Genießen Sie die Freiheit, durch die Methoden dieses Leitfadens ungeahnte Infernos, Fiaskos und Zusammenbrüche nach Belieben erzeugen zu können. Erfreuen Sie sich an den neidischen Blicken der Konkurrenz ob Ihrer geballten Fähigkeiten als „Desastermanager". Sehen Sie vergnügt zu, wie Sie einen neuen Trend setzen. Der „Unternehmer des Jahres" ist von gestern, heute ist der *„Meister des Betriebsdesasters"* angesagt.

Christian A. Pongratz Presseggersee, im September 2011

Mein Jobdesaster

Die Ausgangssituation

Bevor ich meine erste Bekanntschaft mit fremden *Betriebsdesastern* machen durfte, erzeugte ich ungewollt mein erstes Desaster selbst. Die Präzision meiner Ausführung, die Klarheit meines Ansatzes und die Gnadenlosigkeit der von mir gewählten Exekution kann ich mir heute ausschließlich mit Anfängerglück erklären.

Meine Karriere trug deutlich - aber für mich zu diesem Zeitpunkt noch nicht erkennbar - bereits von Anfang an die Anzeichen eines Desasters, als mich nach Beendigung meiner Studien niemand „vom Fleck weg" einstellte. Hier stand ich nun, ich armer Tor, und war nach meinen Studien der Rechtswissenschaft und der Betriebswirtschaftslehre doch so klug wie nie zuvor. Suchend nach Alternativen außerhalb der akademischen Welt wurde ich der Wirtschaft gewahr und spürte in mir die Zuversicht, dass ein solch enthusiastischer und ambitionierter Jungakademiker, wie ich einer war, für heimische Großkonzerne wohl die Erfüllung aller Personalwünsche sein müsste. Aber es sollte anders kommen, denn die Welt hatte sich gegen mich verschworen.

Ich setzte mich also zu Hause am Presseggersee hin und wartete, bis der Hubschrauber zu hören sein würde, der mich auf Geheiß irgendeines Generaldirektors umgehend zu diversen „Kalibern" des internationalen Wirtschaftsgeschehens transportieren würde. Ich hatte mich getäuscht. Nach ungefähr zwei Monaten hoffnungsvollen Wartens ohne jeglichen Ansatz eines Landeanfluges (nicht einmal Überflüge fanden statt) entschloss ich mich, auf eindringliche Anregung meiner Familie vorerst wieder die Nähe der Wissenschaft zu suchen. Ich fand diese als Gastprofessor der Università Commerciale Luigi Bocconi in Mailand.

Gestärkt durch das Selbstvertrauen, an der wohl bekanntesten Wirtschaftsuniversität Italiens als Gastprofessor arbeiten zu dürfen, erklärte ich mich innerlich bereit, der heimischen Wirtschaft doch noch eine Chance zu geben, die einmalige Gelegenheit wahrzunehmen, mich für Spitzenpositionen zu rekrutieren. Wiederum unerklärlicherweise fanden entweder die nach mir geschickten Hubschrauber meine Adresse nicht, oder mein Name war zum damaligen Zeitpunkt noch nicht bis in die Vorstandsetagen durchgedrungen.

Ich musste handeln. Die Zeit war gekommen, mich beim „Who is Who" der österreichischen Wirtschaft vorzustellen. Dank familiärer Unterstützung gelang es mir, bei mehreren Unternehmen Termine mit der Geschäftsführung zu vereinbaren. Endlich würde es so weit sein. Ich erhoffte mir zwar keine roten Teppiche, aber zumindest helle Begeisterung ob meines Potenzials.

Das Doppelte

An einer der ersten Adressen erwartete mich nach dem vorausgegangenen Vorstandstermin die Personalverantwortliche, Frau Mag. Gunkl (alle Namen geändert), um mit mir das „Recruitingprozedere" in Gang zu setzen. Wir unterhielten uns über die Möglichkeiten innerhalb des Konzerns und versuchten auszuloten, welche Konzernbereiche wohl die am besten geeigneten wären. Das Gespräch wurde in besonders höflichem Ton geführt und erstreckte sich über circa eine Stunde. Der Höhepunkt stand noch aus. Es war Zeit für die für beide Seiten wohl interessanteste Frage - jener nach der Höhe der Entlohnung meiner Tätigkeit als potenzielle Nachwuchsführungskraft. Also wurde ich gefragt, wie meine Gehaltsvorstellungen wären, was ich mit der Gegenfrage erwiderte, wie viel ich dem Konzern denn wert wäre. Auf die Aussage meiner Verhandlungspartnerin, dass sie „bereits eine Zahl im Kopf" habe, entgegnete ich: „Merken Sie sich Ihre Zahl, multiplizieren Sie diese mit zwei und wir haben mein Gehalt" - eine Strategie, die ich immer schon einmal nutzen wollte, da sie mir in einem Film so gut gefallen hatte. Sofern die Recruiterin von meinem Vorschlag begeistert war, konnte sie diese Begeisterung gut verbergen. Ich hörte jedenfalls nichts mehr von Frau Mag. Gunkl.

Die Damenwelt

Eine weitere Möglichkeit, meine Fähigkeiten anzupreisen, erhielt ich von der renommierten internationalen Anwaltsfirma „Bluegrass" in Wien, vertreten durch den Partner Dr. Bronski. Einen Job als Anwalt konnte ich mir damals gut vorstellen, ich dachte an amerikanische TV-Serien, Ruhm und Ehre. Das Gespräch wurde wiederum in besonderem Ambiente in den luxuriösen Besprechungsräumen der Kanzlei geführt. Mir hätte zum damaligen Zeitpunkt längst auffallen müssen, dass Anwälte, die sich dem gehobenen Niveau zuordnen, eine besondere Art haben, sich auszudrücken und sich zu verhalten.

Ich ignorierte alle einschlägigen Anzeichen und setzte auf meinen vermeintlich unwiderstehlichen „Kärntner Charme", von dem ich annahm, dass sich dieser in der gegebenen Situation besonders gut bewähren würde.

Leider hatte ich mich aber beim Argument der allgemein anerkannten Beliebtheit meiner Umgangsformen gänzlich getäuscht. Als eine junge und attraktive Mitarbeiterin den Raum betrat, um Getränke zu servieren, begrüßte ich sie mit einem langgezogenen „Wooaaahh" und heftigem Augenzwinkern, um gleich danach Dr. Bronski euphorisch zu versichern, dass ich ja schon viel früher „vorbeigeschaut" hätte, wäre mir bewusst gewesen, welche „Spitzenmädels" bei Bluegrass arbeiteten.

Dr. Bronskis Gesichtsausdruck veränderte sich rapide, als hätte er in dieser Sekunde ein tropisches Insekt verschluckt. Zuerst dachte ich daran, dass ich für seinen Geschmack wohl etwas zu emotional reagiert hatte, überlegte mir aber, dass dieser Kanzlei wahrscheinlich ein wenig Begeisterung ganz gut bekäme. Dr. Bronski war offenbar anderer Meinung. Er teilte mir kurzerhand mit, dass ich nicht zu dieser Sozietät passen würde, und komplimentierte mich mit „besten Wünschen für die berufliche Zukunft" hinaus.

Der Generaldirektor

Durch einen ehemaligen Studienkollegen bekam ich die streng geheime Mobiltelefonnummer von Dr. Tulkera, dem Vorstand einer renommierten Bank. Vorangegangene Versuche, diese Telefonnummer oder gar einen Termin von seinen Sekretärinnen zu erhalten, waren gescheitert. In den mehrfachen Gesprächen mit verschiedenen „Assistentinnen der Geschäftsführung" hätte ich bereits erahnen können, welcher Typ Vorstand in Person von Dr. Tulkera mich erwarten würde. Damals wusste ich noch nicht, dass die engsten Mitarbeiter einer Führungsperson mit Personalhoheit mitunter exakte Rückschlüsse auf das Verhalten ihres Chefs zulassen. In meinen Augen wollte ich lediglich dem Vorstand mein scheinbar einmaliges Angebot zur Mitarbeit in seinem Unternehmen unterbreiten. Die Damen vom Vorzimmer vermittelten mir jedoch den Eindruck, als Bittsteller bei einem absolut regierenden Herrscher vorzusprechen. An einen Termin war nicht zu denken. Die Assistentinnen versicherten mir, dass „ihr" Dr. Tulkera auf Monate ausgebucht wäre und auch für ein Telefonat keine Zeit fände. Ich malte mir den Arbeitstag eines Vorstandes dieser Bank in den wildesten Varianten aus, was mich aber nicht davon abhalten sollte, es trotzdem mit einer Kontaktaufnahme zu versuchen.

So wählte ich eines Nachmittags die geheimste Nummer der Bank und freute mich, als sich am anderen Ende der Leitung jemand mit „Tulkera!" meldete. Ich legte mich ins Zeug und begrüßte meinen Gesprächspartner so höflich wie möglich mit den Worten: „Guten Tag, Herr Generaldirektor, hier spricht Christian Pongratz", mit der Absicht, sofort „in medias res" zu gehen und darüber zu sprechen, was ich für ihn und die Bank leisten könnte. So weit ist es dann allerdings nicht gekommen.

Sofort nach dem Aussprechen meines Namens erklärte er mir in mich beeindruckender Lautstärke, dass er nicht als „Generaldirektor" angesprochen werden wolle. Auf meine Frage, welche Anrede er denn bevorzuge, kam die deutlich langsamer und so würdevoll wie möglich betonte Antwort: „Nennen Sie mich Herr-Doktor-Tulkera!" Damit war unser Gespräch nahezu beendet, auf jeden Fall war die herrschende Stimmung einer gewinnenden Vorstellung meiner Person nicht mehr zuträglich.

Mit einem Male war mir klar, welch unglaubliche Betriebsatmosphäre in dieser Bank wohl geherrscht haben muss.

Die Abteilung

Dr. Stanzlheiner war ein weiterer Kontakt, den ich durch einen persönlichen Auftritt von meinen Fähigkeiten zu überzeugen suchte. Er war Manager einer großen Baufirma, und es war mir gelungen, einen Vorstellungstermin zu vereinbaren. Ich kam 50 Minuten zu spät, da seine Sekretärin ihm und mir unterschiedliche Beginnzeiten gegeben hatte. Auf meine Aufforderung hin, die E-Mail - welche sie mir geschickt hatte - aufzurufen, um darzulegen, dass es nicht mein Fehler war, hatte die Dame nach eigener Aussage plötzlich so viel zu tun, dass sie für diesen Mausklick einfach keine Zeit mehr aufbringen wollte. In diesem Moment hätte ich bereits wissen müssen, welche Geisteshaltung ich seitens ihres Chefs erwarten durfte, wenn sogar engste Mitarbeiter ein solch verschlagenes Benehmen zeigten.

Dr. Stanzlheiner war glücklicherweise weniger überfordert als seine Sekretärin, wodurch sich anfänglich ein konstruktives Gespräch entwickelte. Auf die Frage, ob er mich jetzt in die Rechtsabteilung oder in eine andere Abteilung setzen sollte, gab ich die Antwort, dass er mich nirgendwo hinsetzen solle, sondern mir vielmehr seine Wünsche bekannt geben könne, ich würde mich um deren Erfüllung kümmern. Das quittierte er mit den Worten, dass er nicht wisse, ob ich nicht eine „Flasche" sei, zumal es in seinem

Geschäft schon „zu viele Flaschen" gebe. Meine Versicherung, keine Flasche, sondern vielmehr ein hoffnungsvolles Managementtalent zu sein, konnte ihn nicht beeindrucken.

Das Ende

Alles wird vorübergehen.
Die gute und die schwere Zeit –
nichts bleibt jemals stehen.
(Die Toten Hosen, Alles wird vorübergehen)

Offensichtlich war ich bereits am Anfang meiner Karriere ein Naturtalent in Sachen *Betriebsdesaster*. Scheinbar mühelos und garantiert ohne Anleitung reihte ich die notwendigen Schritte für eine erfolgreiche Bewerberabwehr aneinander.

Auf meine übertriebenen Erwartungen folgten automatisch herbe Enttäuschungen. Das garantierte meine schnelle Frustration und schlechte Stimmung. Durch den gezielten Einsatz lockerer Sprüche wehrte ich jeden Anflug von Seriosität gekonnt ab. Mich bei der Auswahl meiner Gesprächspartner auch an höchst zweifelhaften Charakteren versucht zu haben, zeigt, dass nicht nur scheinbare Unpünktlichkeit, sondern auch mein Auswahlverschulden mich als Jobsuchenden davor bewahrt hat, eine Arbeit als Angestellter zu finden.

Dass ich allerdings die Kunst des Jobdesasters und der Bewerberabwehr damals noch nicht gänzlich beherrschte, zeigt der Umstand, dass ich wenig später tatsächlich anfing, auf Projektbasis zu arbeiten. Mein Auftraggeber teilte mir mit, dass er Verständnis dafür habe, dass ich nicht in eine Abteilung wolle, er mir aber zutraue, bestimmte Themen zu seiner Zufriedenheit abzuarbeiten.

Das Ergebnis war mein erster Projektauftrag und das vorläufige Ende des Jobdesasters.

Conclusio

Seit meiner Jobsuche und diversen Desastern mit Generaldirektoren und solchen, die es nicht sein wollten, ist viel Zeit vergangen. Zeit, in der ich mitunter direkten Einblick in so unglaublich phantasievolle Unternehmenszerstörungen hatte, dass ich mich gezwungen sah, diesen Schatz an Erfahrungen weiterzugeben. Nach langen Jahren der Recherche ist für mich mit diesem Buch die Möglichkeit gekommen, all mein Wissen um die Natur eines *Betriebsdesasters* mit der Allgemeinheit zu teilen.

Wie Sie an mir leicht erkennen können, reicht das natürliche Desastertalent des Einzelnen nicht aus, um nachhaltig und ohne Mittelverschwendung das *Betriebsdesaster* zu erreichen. Um nicht in diverse Fallen zu tappen, bedarf es genauer Instruktion, eiserner Disziplin der Akteure und geballter Kreativität in der Umsetzung. Hier sind Sie selbst gefordert.

Die folgenden Abschnitte sollen Sie in eine Welt entführen, die reich an betrieblichen Untergängen, Fiaskos, Katastrophen, Dramen, Infernos, Debakeln und allgemeinem Chaos ist. Tauchen Sie ein in ein Geschehen voller Freude am Scheitern, erklimmen Sie die höchsten Gipfel des Versagens und springen Sie von dort oben mit Ihrem Unternehmen ins Verderben.

Fragen Sie daher nicht, was das *Betriebsdesaster* für Sie tun kann, sondern fragen Sie, was Sie für das *Betriebsdesaster* tun können. Die wichtigsten Überlegungen und Argumente finden Sie in diesem Buch. Ich habe es für Sie geschrieben, damit Sie unerwünschten persönlichen und wirtschaftlichen Erfolgen sofort ausweichen können.

Vertrauen Sie meiner Expertise! Nehmen Sie die Gelegenheit wahr, und ergreifen Sie diese einmalige Chance! Es ist ganz einfach, verändern Sie lediglich Ihre Sicht der Dinge! Viel Erfolg auf dem Weg ins Desaster!

Das Humandesaster

Einführung

Jeder Vertreter des *Betriebsdesasters* verzweifelt bisweilen am „Faktor Mensch". Menschen, egal welcher Herkunft, sind unberechenbar, neigen mitunter dazu, motiviert aufzutreten und „die Sachen anzupacken".

Ohne auf schaurige Details eingehen zu wollen, darf man davon ausgehen, dass eben dieser „Faktor Mensch" auch die besten Vorsätze zur Unternehmensvernichtung vernichtet. Stellen Sie sich vor, es herrscht das Desaster und alle arbeiten trotzdem mit vollem Elan weiter. Wehren Sie den Anfängen! Das *Betriebsdesaster* ist wie ein zartes Pflänzchen, das liebevoll umsorgt werden will, bevor es in voller Blüte Ihre Firma in den Abgrund reißt.

Vor diesem an Dramatik kaum zu überbietenden Szenario gilt es, mit einer Kaskade von Maßnahmen den betrieblichen Untergang sicherzustellen. Dieser Abschnitt widmet sich dem Menschen in der Organisation. Wir betrachten den Zyklus - angefangen von der Rekrutierung der übelsten Bewerber und deren Fehlbesetzung über die klassische Demotivation und das Managementchaos bis hin zu der Deformation von Persönlichkeit und der Maximierung von Abwanderung im Unternehmen.

Nicht alles wird Ihnen auf den ersten Blick als gefährlich für das *Betriebsdesaster* erscheinen, doch täuschen Sie sich nicht, denn der Erfolg steckt im Detail und will gründlich und nachhaltig vernichtet werden. Das *Betriebsdesaster* mit vermeintlich raschen Lösungen erreichen zu wollen, gleicht dem Versuch, einen Aschenbecher mit einer Zigarette voll zu machen.

Vorrangig bedarf es einer gründlichen Strategie für das Desaster, welche ich in die genannte Abfolge für Sie „verpackt" habe. Gehen Sie mit dem erworbenen Wissen der folgenden Kapitel behutsam um, denn manche Menschen sind zäher als Unkraut und fleißiger, als Sie denken. Geben Sie dem Erfolg keine Chance und bekämpfen Sie das Gute an der Wurzel. Haben Sie keine Scheu vor drastischen

Maßnahmen oder einschneidenden Entscheidungen. Vertrauen Sie Ihrer Kompetenz zur Vernichtung, der Rest erledigt sich wie von selbst.

Lassen Sie diese Anleitungen auf sich wirken, Sie werden erstaunt sein, welch ungeheure Kraft für ein kolossales Fiasko im Betrieb entsteht. Bekämpfen Sie den Menschen im Unternehmen!

Anleitung zur Bewerberabwehr

Im Sinne einer ehestmöglichen Abwehr von Erfolg für das auf den Abgrund zusteuernde Unternehmen ist es geboten, bereits im Zuge der Einstellung von Mitarbeitern (gemeinsam sind Sie stärker) darauf zu achten, die unfähigsten Subjekte Ihres Einzugsgebietes in den Betrieb aufzunehmen.

Ihre Aufgabe wird durch den Umstand komplexer, dass sich auch hoch motivierte Kandidaten in die Masse von Taugenichtsen einschleichen, um möglicherweise Ihre desaströsen Ziele durch eigene Mehrleistung zu untergraben. Gehen Sie in diesem Zusammenhang kein Risiko ein! Jeder „Könner" in Ihrem Unternehmen ist ein Giftpfeil zu viel im Kampf um den Untergang.

Zur Ausgangslage

Sehen Sie Kompetenzen neuer Mitarbeiter als das, was sie wirklich sind: die größte Gefahr für Ihre Allmacht als „Boss". Stellen Sie keinesfalls jemanden ein, der etwas kann, was Sie nicht besser können. Stellen Sie weiters keinesfalls jemanden ein, der etwas weiß, was Sie nicht besser wissen. In beiden Fällen wäre eine Kontrolle dieser Mitarbeiter kaum noch möglich, alles würde Ihnen entgleiten, Sie würden von vorne bis hinten ausgetrickst und betrogen werden. Es gilt das Misstrauensgebot gegenüber den Mitarbeitern.

Was also können Sie im Unternehmen tun, um bereits im Ansatz sicherzustellen, dass ausschließlich Müßiggänger und Blender aufgenommen werden? Folgende Regeln und Anregungen sollten Sie für diese diffizile Aufgabe beachten:

- Sichern Sie sich die Dienste von extrem teuren und kompetenzfreien Personalberatern. Gehen Sie bei der Auswahl dieser Berater besonnen vor und meiden Sie die Guten der Zunft. Ahnungslose Stümper im Dreiteiler mit bunter Krawatte sind hier Ihre erste Wahl. Vornehmlich präsentieren sich diese Vertreter mit Lackschuhen und englischen Firmennamen wie beispielsweise „Top Spot Human Resource Action-Connection Superior Consulting Limited Edition" – manchmal auch unter Anführung des magischen Wortes „Network". Solche Vertreter sind genau die richtigen für Ihr Vorhaben.

- Überlassen Sie alles in Seelenruhe Ihrer Personalabteilung! Bestehen Sie darauf, dass diese ausschließlich mit Juristen besetzt ist, und legen Sie die Aufgabe der Personalauswahl exklusiv in die Hände ahnungsloser Arbeitsrechtler. Juristen haben durch ihren anerzogenen Blick für Sachverhalt und Rechtsfrage nicht immer die Fähigkeit entwickelt, Persönlichkeiten, Talente, einschlägiges fachliches Know-how und Führungskompetenzen beurteilen zu können. Würde man hingegen Juristen fragen, so bekäme man versichert, dass diese Berufsgruppe in der Lage sei, noch weit mehr, wenn nicht überhaupt alles in der Welt zu beurteilen.

Wenn Sie imstande sind, die Ausgangslage in Ihrem Sinne zu organisieren, ersparen Sie sich wahrscheinlich viel Ärger in den darauf folgenden Schritten.

Zur Ausschreibung

Die Stellenausschreibung birgt phantastische Möglichkeiten sicherzustellen, dass sich überwiegend Ihre Wunschchaoten bewerben werden. Achten Sie bei der Ausschreibung darauf, dass die Position im Unternehmen möglichst so beschrieben wird, dass selbst hoch motivierte fünfsprachige Astronauten mit Vierfachstudium und 20-jähriger Berufserfahrung im Alter um die 30 keinerlei Chance sehen, die Anforderungen zu erfüllen. Schockieren Sie und schrecken Sie ab!

Garantieren Sie so, dass sich ausschließlich Kandidaten bewerben, die mit der Einstellung an die Sache herangehen, dass es - egal wie - schon „irgendwie" gehen würde. Platzieren Sie die Stellenausschreibung ausschließlich in unbekannten Gratisgazetten mit minimaler Auflage. Das spricht nicht nur diejenigen an, die sich keine Zeitung leisten können, sondern spart darüber hinaus auch noch Geld!

Der Ausschreibungstext sollte daher auch mit gravierenden Rechtschreibfehlern gespickt und völlig unverständlich formuliert sein. Schreiben Sie über „tolle Aufstiegsmöglichkeiten", „motivierende Arbeitsumgebung" und andere gänzlich inhaltsfreie Vorteile. Wer darauf hereinfällt, kann auch für das *Betriebsdesaster* dienlich sein. Alles, was Sie im Zuge der Ausschreibung „klären" können, müssen Sie nachträglich nicht mehr „korrigieren".

Zum Bewerbungsgespräch

Das Bewerbungsgespräch ist das Auge des Orkans der Bewerberabwehr. Ihr ganzes Geschick und Talent sollte in die Waagschale gelegt werden, um unangenehme Folgen auszuschließen. Ich empfehle Ihnen Folgendes:

- Unterstützen Sie die Personalabteilung in der Bewerberabwehr durch persönlichen Einsatz! „Funken" Sie nach Herzenslust „hinein", und bewerten Sie Frauen ausschließlich nach der Passgenauigkeit gegenüber Ihrem Schönheitsideal und Männer nach ihrer Frisur. Vermeiden Sie tunlichst, jemanden einzustellen, der eine Ausbildung vorweisen kann. Im Kapitel „Anleitung zur Fehlbesetzung" werden wir uns diesem Punkt eingehender widmen.
- Demonstrieren Sie den Bewerbern ohne zu zögern, dass Sie in Personalfragen nach eigenem Gutdünken vorgehen und auch vor Schikanen und Repressalien nicht zurückschrecken. Beneh-

men Sie sich beim Bewerbergespräch wie ein elektrisierter Pavian. Schreien Sie und stoßen Sie wilde Flüche aus! Beschimpfen Sie Ihr Gegenüber als Günstling seiner Eltern, danach unterstellen Sie ihm, dass er ein Versager ist. Diejenigen Bewerber mit Restintelligenz im mindestens zweistelligen IQ-Bereich werden sich daraufhin höchstwahrscheinlich freiwillig zurückziehen. Die Übriggebliebenen sind das „Grün-Braune vom Ei" und perfekt für Ihr Desaster.

- Verlangen Sie überlange Lebensläufe und bestehen Sie auf Motivationsschreiben. Ein neuer Kandidat soll sofort erkennen können, dass hier mit höchster Effizienz und maximalem Verwaltungsaufwand am Desaster gearbeitet wird. Interpretieren Sie jeden Strich und Beistrich des Textes und ignorieren Sie die Person, die Ihnen gegenübersitzt. Stellen Sie „besonders schlaue" Fragen und präsentieren Sie sich als „Kenner der Szene". Als Arbeitgeber haben Sie das Recht, alles und noch ein wenig mehr besser zu wissen als der Bewerber selbst. Korrigieren Sie seine Ausführungen und schneiden Sie ihm das Wort mitten im Satz ab.
- Veranstalten Sie ein Assessment-Center, kurz AC! Selten kann man erste Reihe fußfrei so eindrücklich sehen, wie sich junge Aspiranten freiwillig zum Affen machen. Nehmen Sie die Möglichkeit wahr, um sich völlig wirre Aufgaben auszudenken, die nach Ihrem Kommando ausgeführt werden. Spüren Sie die Macht und erleben Sie das erhebende Gefühl, bewerten und richten zu können. Dieser Umstand ist besonders bei ansonsten eher unsicheren Charakteren ein freudiger Anlass, sich zur Aufbesserung des eigenen angekratzten Selbstwertgefühls als gestrenge Führungskraft präsentieren zu können. Wer den ganzen Unsinn ohne zu murren mitmacht, ist Ihr persönlicher Desaster-Bestkandidat.

Zur Einführung

Sollten Sie sich bereits für einen Kandidaten entschieden haben, empfiehlt es sich, diesen anlässlich der Einführung und Vorstellung im Betrieb merken zu lassen, was es heißt, in einem *Betriebsdesaster* zu arbeiten. Stellen Sie sicher, dass kein geeigneter Arbeitsplatz vorhanden ist und der Neuankömmling diesen erst von seinen „Kollegen" erstreiten muss.

Machen Sie innerhalb des Betriebes klar, dass der „Neue" viel besser als die bestehenden Mitarbeiter sei, und dass er den Auftrag habe, „frischen Schwung" in die Abteilung zu bringen. Erzeugen Sie dadurch übertriebene Erwartungshaltung, enormen Leistungsdruck, Angst und Aggressionen der anderen. Bevorzugen Sie den Neuen ohne Grund und beobachten Sie, wie das Betriebsklima unterirdische Werte annimmt. Jetzt bedarf es nur noch eines minimalen Grundes, um dieses emotionale Pulverfass zur Explosion zu bringen - ein veritables Traumdesaster.

Zur Entlohnung

Zahlen Sie Hungerlöhne, denn Sie müssen eines wissen: *„If you pay peanuts, you get monkeys!"*

Ich gratuliere Ihnen hiermit zur Bestellung eines neuen Mitarbeiters für die Katastrophe. Um den Trend in den Abgrund erfolgreich fortsetzen zu können, empfehle ich vorsorglich, bereits bestehende Mitarbeiter einer Fehlbesetzung zu unterwerfen. Im *Betriebsdesaster* wird auf diesem Wege selbst der bereits falsche Mann einfach auf den falschen Platz gesetzt, was dem allgemeinen Chaos die besondere Note verleiht. Die folgende Anleitung hilft dabei.

Anleitung zur Fehlbesetzung

Die personelle Fehlbesetzung unternehmensinterner Verantwortungsbereiche ist eine Kunst, die sehr schwer zu erlernen ist. Die „Anleitung zur Fehlbesetzung“ garantiert Ihnen bei konsequenter Befolgung herausragende Ergebnisse.

Die Auswahl der falschen Person für den vorgesehenen Arbeitsbereich will durchdacht sein und bedarf intensiver Vorbereitung. Denken Sie insbesondere in drei Richtungen. Erstens: das individuelle Denkvermögen, zweitens: die Kompetenz des Einzelnen und die Auswirkungen auf die Organisation, und drittens: das Verhalten Ihrer Umgebung und die Eignung des gezeigten Verhaltens, Ihnen zu schmeicheln.

Zum Denken

Sehen Sie Querdenker in Ihrem Unternehmen als Störenfriede, die durch ihr unangepasstes Verhalten den Unternehmensfrieden sabotieren wollen. Die Kombination der Wörter „quer“ und „denken“ ergibt eine hochexplosive Mischung. Seien Sie auf der Hut, solche Menschen scheuen nicht davor zurück, Ihre genialen Geistesblitze infrage zu stellen und bringen sogar Alternativvorschläge hervor. Alternativen zu Ihrer Vorstellung vom *Betriebsdesaster* hat es allerdings nicht zu geben!

Eigenständig denkende Mitarbeiter in Ihrem Unternehmen sind als Befehlsempfänger gänzlich ungeeignet. Die Gefahr, die von besagten „Selbstdenkern“ ausgeht, liegt darin, dass sie andere Lösungen als die der Geschäftsführung unterstützen könnten. Wo kämen wir hin, würde dieses Beispiel Schule machen? Anarchie durch zu viel Denken, schlimmer noch, neue Ideen und Innovationen. Wenn hier einer die besten Ideen hat, dann der Chef. Da könnte ja jeder kommen.

Zur Kompetenz

Übertragen Sie Führungsaufgaben an Fachspezialisten Ihres Unternehmens, ohne auf deren sonstige Eignung zu achten. Desasterexperten wissen, wie schlecht sich Fachkompetenz mit Sozial- und Führungskompetenz verträgt, und jubilieren bereits ob des sich anbahnenden Chaos. Beispiele dafür gibt es zuhauf, denken wir nur an die Experten in technischen Entwicklungsabteilungen und in der öffentlichen Verwaltung. In diesen Bereichen können wir mitunter die eindrucksvollsten Offenbarungen geballter Führungslosigkeit von Fachexperten erkennen.

Auch im Sport lassen sich solche Phänomene bewundern. Die besten Fußballspieler sind nicht selten auch die schlechtesten Trainer mit besonders limitiertem - sprich: null - Einfühlungsvermögen für weniger talentierte Schützlinge. Wir können begeistert feststellen: Soziale Inkompetenz und Führungsschwäche wachsen proportional zur Spezialisierung.

Frei nach dem Motto: *„Wem der Chef ein Amt gibt, dem fehlt auch der Verstand dazu"* verteilen Sie Ämter und Positionen.

Am besten werden Aufgaben des *Betriebsdesasters* von völlig überforderten Personen wahrgenommen, die der irrigen Annahme unterliegen, permanent Leistungen von besonderer Güte abzuliefern. Unterstützen Sie als Führungskraft diesen natürlichen Zugang zur Katastrophe, indem Sie diese Unfähigkeit durch Beförderung oder Boni belohnen. Andere werden das bemerken und sich anschicken, es den Kompetenzlosen gleichzutun. Lawinenartig breitet sich die Inkompetenz in Ihrem Unternehmen aus, und das Lauffeuer der katastrophalen Ergebnisse leitet den „Sturzflug ohne Fallschirm" ein.

Merken Sie sich eines: Kompetenzen sind für das *Betriebsdesaster* so nötig wie eine Sandkiste in der Wüste.

Zum Verhalten

Sehen Sie angepasstes und kritikloses Verhalten Ihrer Mitarbeiter als das, was es wirklich ist: ein geradezu „himmlischer" Wunschzustand für Ihr Unternehmen. Herzliche Diskussionen mit freundlicher Stimmung entstehen, wenn alle dem Chef bedingungslos zustimmen. Fordern Sie permanentes Kopfnicken ein, um die Unterstützung Ihrer Person noch besser zur Geltung bringen zu können. Überlegen Sie, ob es Sinn machen könnte, wie in totalitären Regimes den Klatschzwang in Ihrem Unternehmen einzuführen.

Lassen Sie Hymnen auf sich und Ihre Intelligenz anstimmen und freuen Sie sich über die Huldigungen der Belegschaft. Nur ein besungener Chef weiß, dass er die richtigen Leute für eine gediegene Katastrophe um sich geschart hat.

Die Besten unter den stromlinienförmigen Mitarbeitern schaffen es gar, sich so sehr in Sprache und Gestik der Führungskraft anzunähern, dass man meinen könnte, sie wären gemeinsam aufgewachsen. Wenn beispielsweise die Mitvergangenheit zur Erzählsprache und das „Nein" zum „Nee" werden, kann man Vermutungen darüber anstellen, dass der Chef wohl Deutscher ist.

Im Optimalfall entwickeln sich diese Mitarbeiter zu Abbildern der Unternehmensführung (Multiplikatoreffekt!). Jeder noch so große Unsinn wird von diesen Menschen aufgesogen und kopiert. Gehen Sie stolzen Schrittes voran, und wie die Lemminge werden diese Menschen Ihnen in den Untergang folgen.

Beobachten Sie, wie ehemals freundliche Zeitgenossen durch Ihren genialen Einfluss plötzlich „Druck machen" oder auch mit Ihnen wetteifern, wer noch mehr aus seinen Untergebenen „herauspressen" kann. Wecken Sie das Tier, das nur darauf gewartet hat, einmal schrankenlos wüten zu dürfen. Wer kennt sie nicht, die hinterlistigen Günstlinge von *„divide et impera"*! Ihre kleine Armee von Despoten wird in kürzester Zeit eine negative Stimmung im Unternehmen verbreiten und aufrechterhalten.

Machen Sie solcherart aus einer ehemals freundlichen und fröhlichen Sachbearbeiterin einen „Drachen" mit der Lizenz zum Verrat an ihren Kollegen. Statten Sie charakterlich überforderte Personen mit umfassenden Kontrollrechten aus, und Sie werden sehen, wie die Saat der Missgunst zu wachsen beginnt. Verteilen Sie Macht an bisher Machtlose! Es wird für Sie ein Leichtes sein, zu beobachten, wie es die Stimmung vergiftet. Erfreuen Sie sich an den „Grabenkämpfen", während Sie sich wie ein römischer Kaiser fühlen dürfen.

Teilen Sie und herrschen Sie und treiben Sie damit die Belegschaft an den Rand des Wahnsinns. Schüren Sie Misstrauen und Kontrollzwang, verteilen Sie Aufstiegschancen proportional zu Gewaltherrschaft und Fähigkeit zur Unterdrückung der anderen.

Sollten diese Maßnahmen aus irgendwelchen Gründen nicht fruchten, ist es an der Zeit, direkt ins Geschehen einzugreifen. Es bedarf der Deformation der Mitarbeiterpersönlichkeit, damit es auf sicherem Wege bergab geht.

Anleitung zur Persönlichkeitsdeformation

Persönlichkeiten, Charaktereigenschaften und deren Formung sind ein höchst komplexes Thema. Eltern können ein Lied davon singen, wie ausgeprägt bestimmte Eigenschaften bereits bei Kleinkindern vorhanden sind, und wie schwierig das Unterfangen „Erziehung" dadurch werden kann.

Diese Grundüberlegung gilt auch und umso mehr für Erwachsene. Damit auf Ihrem individuellen Weg ins *Betriebsdesaster* keine unerwünschten Schwierigkeiten auftreten, empfehle ich, auf die Persönlichkeit der Mitarbeiter mittels Seminaren, Schulungen und Ähnlichem einzuwirken.

Betrachten Sie für diese Maßnahme alle Mitarbeiter als gleich bedürftig, selbst wenn manche bereits eine Ihren Wünschen entsprechende Persönlichkeit haben, Sie also bereits charakterliche „Wildschweine" in Ihrer Unternehmung vorweisen können. Die Gefahr, jemanden zu übersehen und diesen „unbehandelt" im Unternehmen zu lassen, ist viel zu hoch, als dass Sie sich derartige Großzügigkeiten erlauben könnten. Ein einziger charakterlich noch nicht verdorbener Mensch reicht aus, um einen Konzern vor dem Absturz zu bewahren. Denken Sie an Gandhi, denken Sie an Nelson Mandela, denken Sie an Martin Luther und unterschätzen Sie die Situation keinesfalls. Positive Charaktere werden meist nicht sofort erkannt und können daher nicht in der notwendigen Geschwindigkeit „umerzogen" werden. Das kann unabsehbare und sogar fatale Folgen für das *Betriebsdesaster* haben.

Positive und charakterfeste Menschen können eine gewisse Vorbildwirkung entfalten, die sich wie ein Bazillus im Unternehmen festsetzt und entfaltet. Bevor Sie es merken, kommen schon die Ersten auf die Idee, es dem Vorbild nachzumachen, und ehe Sie reagieren und Maßnahmen ergreifen können, ist der Untergang in Gefahr.

Zur Schulung

Schulungen eignen sich bestens zum Transport Ihrer Ideologie der Niedertracht, der Falschheit und des Untergangs.

In diesem Zusammenhang empfiehlt es sich, auf einschlägige Berater und ausgewiesene Experten für das *Betriebsdesaster* zurückzugreifen. Das Angebot im deutschsprachigen Raum ist derzeit noch überschaubar, dieses Buch soll auch einen Beitrag dazu leisten, diese bedauerliche Situation zu ändern.

Vermeiden Sie jedenfalls Schulungen mit Inhalten wie „Persönlichkeitsentwicklung", „Wertschätzende Kommunikation", „Konfliktfreier Dialog im Unternehmen" und Ähnlichem. Damit werden Sie Ihren Mitarbeitern niemals beibringen können, wie man das Unternehmen von innen heraus zerstört. Hände weg von solchen Scharlatanen, von solchen Verrätern am Desaster! Schulen Sie lieber: „Ellenbogentechnik für Einsteiger", „Feinde, Todfeinde und Kollegen", „Mein Chef – der Koffer" etc.

Schulungen und Seminare lassen Sie bitte stets vom und im eigenen Unternehmen durchführen. Sowohl möglicher Wissenstransfer in Sachen Unternehmenszerstörung als auch neue, positive Eindrücke könnten die Untergangsstrategie gefährden. Trachten Sie danach, die Mitarbeiter in engen, geschlossenen Räumen auf harten Sesseln zu schulen. Es geht hierbei darum, einen möglichst authentischen Eindruck des Desasters zu vermitteln, und es weckt außerdem Erinnerungen an den Schulbesuch der eigenen Kindheit. Sorgen Sie deshalb auch für bekannt langweilig Vortragende, und lassen Sie die sich ausbreitende Stimmung alles Weitere erledigen. Vertrauen Sie auf den Effekt von Frontalunterricht gepaart mit monotoner Erzählweise. Ihre Mitarbeiter werden sich wie in der achten Schulstunde fühlen, bei Fächern wie Latein oder Geschichte.

Erhöhen Sie die Dosierung der Langeweile schrittweise von Seminar zu Seminar und setzen Sie in diesem Rahmen auch auf die konstante Wiederholung uninteressanter, „ausgelutschter" und negativer Inhalte. Solche Endlosschleifen in Seminarform machen auch die Härtesten unter der Sonne letztendlich mürbe.

Zum Einfluss der Führungskraft

Sie können den Einfluss und die Vorbildwirkung Ihrer Person im Unternehmen gar nicht hoch genug einschätzen. Geübte Vertreter des *Betriebsdesasters* wissen daher um ihre Verantwortung in der Charakterbildung.

Seien Sie ein selbstsüchtiger, selbstverliebter und cholerischer „Ungustl" und Despot mit dem Hang zur Arroganz und diktatorischen Zügen. Sollten diese Charaktereigenschaften nicht zu Ihrem Standardrepertoire gehören, ist es unbedingt notwendig, dass auch Sie eine einschlägige Schulung besuchen, da Sie ohne die Mindestgrundausstattung an diesen Werten wahrscheinlich nie an die Spitze des *Betriebsdesasters* gelangen werden.

Sollte es sich bei Ihnen um die meine Regel bestätigende Ausnahme handeln, empfehle ich Ihnen Schulungsinhalte von Beratern aus dem Umfeld der Politik. Mangelnde Rücksichtslosigkeit, nicht vorhandene Verschlagenheit und der Hang zur Ehrlichkeit werden Ihnen in solchen Schulungen ausgetrieben.

Übertragen Sie die angeborenen und erlernten Fähigkeiten und Eigenschaften sogleich auf Ihre Mitarbeiter und Kollegen. Es käme einer Ressourcenverschwendung gleich, wenn all diese negative Energie bei Ihnen allein bliebe. Unterstützen Sie diesen Prozess durch die Förderung derjenigen, die sich ebenfalls ganz Ihrem Weg verschrieben haben.

Fordern Sie für etwaige Beförderungen ein, dass auch die Charakterdeformation des zu Befördernden abgeschlossen sein muss. Das bedeutet im Endeffekt, dass ausschließlich diejenigen Mitarbeiter unter Ihrer Führung eine Aufstiegschance erhalten sollen, die charakterlich ebenso verdorben sind wie Sie selbst. Machen Sie das unmissverständlich innerhalb des Betriebes klar und gehen Sie mit eigenem Beispiel voran, denn: *„Wie der Herr, so 's Gscheer"*. Dies gilt auch für Ihre Organisation.

Zur Entwicklung

Der Verlauf der geschilderten Deformation der Mitarbeiterpersönlichkeit ist individuell und mitunter starken Zyklen unterworfen. Insbesondere deshalb muss diese Thematik für Sie stets an der erweiterten Spitze der Agenda ihren wohl erworbenen Platz finden.

Vertrauen Sie keine Sekunde darauf, dass dieser Prozess einmal zu Ende gehen könnte. Nehmen Sie vielmehr Anleihe am Werkzeug des „kontinuierlichen Verbesserungsprozesses (KVP)", der für die Aufgaben des *Betriebsdesasters* zum „kontinuierlichen Katastrophenprozess (KKP)" zu werden hat. Dem KKP wird in diesem Buch noch eine eigene „Anleitung" im Rahmen des Abschnittes „Prozessdesaster" gewidmet.

Leider sind auch der Arbeit am Charakter eines Menschen Grenzen gesetzt, weshalb der folgende Abschnitt sich mit der Demotivation beschäftigt. Persönlichkeitsdeformation und Demotivation verhalten sich wie Operation und Nachsorge. Der beste Effekt wird durch eine „Kombinationstherapie" erzielt.

Anleitung zur Mitarbeiterdemotivation

Nichts verbindet so sehr wie das gemeinsame Ziel der nachhaltigen Zerstörung der Unternehmenskultur und der Vernichtung des inneren Antriebs der Mitarbeiter. Die Mitarbeiterdemotivation ist Ihr Schlüssel zu heftigem Versagen in nahezu allen betrieblichen Bereichen. Ob als Manager oder Mitarbeiter jeglicher Unternehmensebene: Gehen Sie davon aus, dass Sie selbst es in der Hand haben, hierbei entscheidende Beiträge leisten zu können. Lassen Sie sich bei Ihrem desaströsen Treiben von der folgenden Anleitung anregen.

Das *Betriebsdesaster* völlig auf sich allein gestellt erwirken zu wollen, ist selbst für Energiebündel und „Macher" ein überdurchschnittlich schwieriges Unterfangen. Mein Tipp an Sie: Bauen Sie Ihre Mitarbeiter und Kollegen in Ihre Überlegungen ein. Vielerlei Möglichkeiten bieten sich an. Zentraler Ausgangspunkt ist die Untergrabung des Vertrauensverhältnisses zwischen Geschäftsleitung und Belegschaft.

Die Hauptaufgabe im Zuge der Demotivation liegt eindeutig beim Management. Vor dieser Verantwortung dürfen Sie als Führungskraft nicht fliehen. Nehmen Sie die folgenden Überlegungen in Ihre Strategie auf und erweitern Sie solcherart Ihr Portfolio an Management-Tools.

Zur Verantwortung der Führungskraft

Ich liebe die Unterschiede. Juha!
Ja schön, ach schön, dass es sie noch gibt.
(Rainald Grebe, Unterschiede)

Kommen wir sogleich und ohne Vorwarnung zum Wesentlichen der klassischen Demotivation. Es sind exakt diese Unterschiede, die der Mitarbeiterdemotivation Flügel verleihen können. Machen Sie als Führungskraft Ihren Mitarbeitern bei jeder Gelegenheit klar, dass nur Sie selbst etwas entscheiden dürfen und auch der Einzige sind, der diese Fähigkeit intellektuell beherrscht.

Trommeln Sie so laut Sie es nur vermögen auf dem „Unterschiede-Schlagzeug“. Dieser Begriff ist nicht zufällig gewählt. Schlagen Sie „was das Zeug hält“ auf Ihre Untergebenen ein. Machen Sie diesen bedauernswerten Kreaturen klar, wer hier das Sagen hat. Genießen Sie das berauschende Gefühl, Macht ausüben zu können. Loten Sie die Grenzen aus und stellen Sie fest, wo welcher Mitarbeiter seine Reizschwelle hat.

Sollten Sie sich jetzt die Frage stellen, wie eine solche Machtdemonstration und Schikane am leichtesten zu bewerkstelligen wäre, möchte ich Ihnen einige Vorschläge näherbringen:

- Überantworten Sie Ihren Mitarbeitern unnötige und völlig widersinnige Aufgaben zur dringenden Erledigung. Wichtig dabei: Stellen Sie diese Dringlichkeit über die aller anderen Aufgaben. Staunen Sie, wie Ihre Mitarbeiter ob der zusätzlichen Belastung „ins Schwitzen“ kommen. Erfreuen Sie sich an der Hektik und Gereiztheit, die vermutlich zeitgleich ausbrechen werden. Im Falle von Widerspruch und Zögerlichkeit drohen Sie mit Konsequenzen aller Art, bis hin zur wirtschaftlichen Vernichtung des Mitarbeiters.
- Wenn Sie delegieren, so geben Sie sowohl die anzuwendende Methode als auch das gewünschte Ergebnis bekannt. Stellen Sie sicher, dass Methode und Ergebnis auf keinen Fall in Übereinstimmung zu bringen sind. Es ist immer wieder erstaunlich, welche Verrenkungen selbst intellektuelle Kräfte im Unternehmen vollführen, nur um den Vorgaben gerecht zu werden. Frei nach dem Motto: *„Wasch mich, aber mach mich nicht nass!“* fordern Sie die Quadratur des Kreises ein. Das garantierte Ergebnis sind Frustration und Verzweiflung. Ein Traumzustand für jeden Anhänger des *Betriebsdesasters* kann so jederzeit geschaffen werden.

- Lassen Sie sich bitten! Bestehen Sie darauf, dass Ihnen zu jedem Thema Anträge vorgelegt werden, wie dem Papst zu Zeiten der Inquisition. Untersuchen Sie diese Schriftstücke ausschließlich auf formale Fehler und freuen Sie sich, wenn Sie welche finden. Wenige Erlebnisse sind erfreulicher, als bei jemand anderem einen Rechtschreibfehler zu entdecken. Beschäftigen Sie sich keinesfalls mit den Inhalten solcher Vorbringen. Da sie nicht von Ihnen stammen, können sie nur von miserabler Qualität sein.
- Loben Sie keinesfalls! Niemals! Wenn Sie es dennoch bereits getan haben, hören Sie sofort damit auf! Wer lobt, hat das *Betriebsdesaster* so gut wie verwirkt. Überhaupt ist jegliche Art positiver Zuwendung an die Mitarbeiter dem *Betriebsdesaster* abträglich. Freundlichkeit ist Schwäche - und Sie wollen doch nicht zu den Schwachen gehören!
- Seien Sie ärgerlich! Im besten Fall beleidigen Sie Ihre Mitarbeiter vor Publikum oder machen Sie Witze auf deren Kosten. Sprechen Sie großspurig über deren Versäumnisse und Unzulänglichkeiten im Beisein der betroffenen Personen. Schimpfen Sie über die abnehmende Qualität und Leistungsbereitschaft nach dem Motto: *„Es ist ein Jammer mit den heutigen Mitarbeitern, die können nichts und wollen alles, wo soll das hinführen?“*
- Lassen Sie Ihre Mitarbeiter in schwierigen Situationen „im Regen stehen“ und helfen Sie niemandem. Jeder ist sich selbst der Nächste. *„Hast du im Diesseits schlechte Karten, dann musst du aufs Jenseits warten!“* (EAV, Guru). Was können Sie dafür, dass ein anderer Probleme mit seiner Familie oder mit seinem hochseriösen Kleinkundenbetreuer am Kreditinstitut hat? Das alles freut Sie sogar sehr, da es massive negative Auswirkung auf die Arbeitsleistung des Betroffenen entfaltet. Der Mensch hat schließlich ein berufliches und ein privates Leben. Diese zwei Bereiche üben aufeinander einen Einfluss aus, den es auszunutzen gilt.
- Gehen Sie durch das Unternehmen und grüßen Sie nicht. Ignorieren Sie Mitarbeiter umso mehr, je tiefer sie in der Hierarchie

angesiedelt sind. Diese haben dankbar zu sein, dass sie „unter" Ihnen arbeiten dürfen. Warum auch sollten Sie sich mit diesen „Unwürdigen" abgeben? Ein solches Verhalten stünde Ihnen schlecht zu Gesicht. Wie käme man sich da vor als Chef? Es gibt eben noch Unterschiede, und es ist schön, dass es sie gibt.

- Sollten Sie ab und zu nicht herumbrüllen wollen, sondern auf Zurückhaltung Wert legen, so vermeiden Sie das offene Wort mit den Mitarbeitern. Sprechen Sie niemanden direkt an, sondern lassen Sie Ihre Meinung durch andere übermitteln. Achten Sie darauf, dass diese Übermittlertätigkeiten von den Rangniedrigsten in der Hierarchie wahrgenommen werden. Dafür spricht, dass diese bei unangenehmen Inhalten sogleich als „Blitzableiter" dienen können und an Ihrer Stelle zur Zielscheibe der Aggression werden. Diese Methode ist auch eine professionelle Lösung im Rahmen einer Kündigungswelle.

Sie sehen, dass es gar nicht so komplex ist, wie es auf den ersten Blick erscheint, um mit vertretbarem Aufwand als Manager die eigenen Mitarbeiter auf allen Ebenen höchst effizient zu demotivieren. Der Phantasie sind keine Grenzen gesetzt. Auch individuelle Feinabstimmungen sind möglich und erwünscht. Nicht jeder Mensch und Mitarbeiter lässt sich gleich demotivieren. Ihr Fingerspitzengefühl und Einfühlungsvermögen sind dabei gefragt wie sonst nur selten. Finden Sie den Schwachpunkt und schlagen Sie darauf ein!

Die Verantwortung für die betriebliche Demotivation ausschließlich dem Management aufzubürden würde jedoch bedeuten, wesentliche Potenziale im Unternehmen unberührt zu lassen. Was liegt näher, als auch den Mitarbeitern ohne Führungsaufgaben besonderen Einsatz in Sachen *Betriebsdesaster* abzuverlangen? Sie sitzen schließlich alle im selben Boot, welches raschestmöglich zum Untergang gebracht werden soll.

Zu den Möglichkeiten als Mitarbeiter

Die notwendige Grundeinstellung für alle Mitarbeiter auf der Suche nach dem Desaster lautet wie folgt: Gehen Sie davon aus, dass Ihr Chef ein gefühlskalter Idiot ist. Wie er an diese Position gelangt ist, muss etwas mit Korruption und „Freunderlwirtschaft" zu tun gehabt haben. Sicherlich bringt er in Wirklichkeit überhaupt keine Leistung und beschäftigt sich ausschließlich mit Einladungen in den „Zigarren-Club", dem Besuch von Golfturnieren und dem Erteilen kluger Ratschläge über Strategien und Visionen.

Auch als Mitarbeiter ohne Führungskompetenz können Sie in ansprechendem Verhältnis dazu beitragen, das *Betriebsdesaster* schneller und effizienter zu erreichen. Wirken Sie auf Ihr Management und Ihre Kollegen ein. Ich habe einige Anregungen für Sie zusammengestellt, jedoch selbstverständlich ohne Anspruch auf Vollständigkeit.

- Verbreiten Sie Gerüchte. Themen gibt es zuhauf. Ausgezeichnet eignen sich Geschichten über außereheliche Verhältnisse Ihres Chefs im Unternehmen, vorzugsweise mit seiner Sekretärin. Die höchste Glaubwürdigkeit erreichen Sie, wenn Sie diese Geschichten mit Berichten über vergangene Alkoholexzesse verbinden.
- Machen Sie hinter dem Rücken Ihres Vorgesetzten Witze über dessen körperliche Gebrechen oder sein Aussehen. Auch sein Name, sein Dialekt und seine Herkunft sind nahezu perfekte Ziele für untergriffige Späße.
- Sabotieren Sie die erhaltenen Anweisungen und Aufträge durch passive Aggressivität, die Sie vor versammelter Belegschaft zur Schau stellen. Verfeinern Sie Ihre Auftritte durch den Konsum alkoholischer Getränke.
- Untergraben Sie bei jeder Gelegenheit die Autorität der Führungsperson. Erzielen Sie diese Wirkung durch auffällig negatives Verhalten, abweisende Gesten und verschlossene Körperhaltung, wann immer vom Chef die Rede ist. Halten Sie sich

keineswegs zurück. Ergehen Sie sich in wüsten Schimpftiraden und schmähenden Aussagen und konzentrieren Sie sich dabei bitte auf die notwendige Theatralik und das Stilmittel der Übertreibung. Seien Sie hemmungslos angewidert, und zeigen Sie es jedem, der es sehen will, und auch allen anderen.

- Fordern Sie die Führungskraft zu einer Schlägerei oder einem sonstigen Kräftemessen heraus. Achten Sie darauf, dass der von Ihnen herausgeforderte Manager mindestens einen Kopf kleiner ist als Sie selbst. So steht einem erfolgreichen Schaukampf nichts mehr im Wege.
- Erledigen Sie Ihre Aufträge mit aufreizender Gelassenheit und sparen Sie nicht mit klugen Sprüchen darüber, dass Sie sich in der Arbeit und nicht auf der Flucht befänden etc.
- Sprechen Sie stets schlecht über Ihren Arbeitgeber. Egal, wo Sie sich befinden, es lässt sich stets, zumindest in einem Nebensatz, etwas „anbringen", das Ihrer Firma zu Schimpf und Schande gereicht. Im privaten Kreis, bei Veranstaltungen und Treffen mit Freunden - überall lässt sich dieses Desastermittel hervorragend einsetzen, denn es verfehlt nur selten seine Wirkung. Ihre Meldungen machen „die Runde" und demotivieren gleich einem Schneeballsystem alle betroffenen Empfänger der Botschaft.

Ich hoffe, dass Sie dieser Ansatz überzeugt. Die Vorteile lassen sich klar erkennen: Nutzen Sie diese Möglichkeiten als Multiplikatoren Ihrer Herabwürdigung. Die Ergebnisse werden nicht lange auf sich warten lassen. Ihre Kollegen werden sich Sie zum Vorbild nehmen und es Ihnen gleichtun. So wird die notwendige Energie generiert, um dem *Betriebsdesaster* zu durchschlagendem Erfolg zu verhelfen. Nur mutig voran, wo ein Wille, da auch ein Weg in den Untergang!

Zur Motivation selbst

Als einschlägiger Experte der Etymologie desaströser wirtschaftlicher Formulierungen möchte ich Sie einladen, das Wort „Motivation" näher zu betrachten. Wenn wir die zweite Silbe auf uns wirken lassen, werden wir des „tiv" gewahr. Es ist unschwer abzuleiten, dass diese Silbe einer Lautverschiebung unterworfen war und ursprünglich „tief" geschrieben wurde.

Das bedeutet, dass die „Motivation" viel mehr mit den Tiefen unseres Lebens zu tun hat, als allgemein bekannt ist. Verleihen wir diesem Wort wieder seine gerechte Wirkung und nutzen wir die darin verborgenen Möglichkeiten für das *Betriebsdesaster.*

Wie können Sie vorgehen? Vergessen Sie erstens alles, was Sie zum Thema Motivation bereits gehört oder gelesen haben. Streichen Sie die Motivation aus Ihrem Wortschatz. Sie werden sie nicht vermissen. Jegliche Art externer Motivation ist ein Quell unliebsamer Überraschungen. Verwenden Sie stattdessen den Ausdruck „Demotivation". Für das *Betriebsdesaster* ist es mitentscheidend, dass Mitarbeiter ihrer angeborenen Motivation beraubt werden. Unterschätzen Sie nicht die Stärke, mit der positive Ansätze unbewusst verankert sind. Diese positiven Geschwüre gilt es zu vernichten oder zumindest zu blockieren.

Ich empfehle in diesem Zusammenhang stets einen Drei-Stufen-Plan, dessen Ablauf peinlich genau einzuhalten ist.

1. Zeigen Sie als Führungskraft keinerlei positive Regungen. Auch wenn Sie innerlich vor Freude fast zerplatzen, darf man es Ihnen nicht ansehen. Ziehen Sie sich lieber zurück und suchen Sie das „Haar in der Suppe". Dieser Schritt funktioniert am besten, wenn Sie selbst innerlich keine Freude empfinden können. Sollte dieser Zustand für Sie nur schwer erreichbar sein, denken Sie an Überlebenstrainings in der sibirischen Tundra oder rituelle Selbstgeißelungen. Einsteiger, aber auch so mancher Fortgeschrittene üben zu Hause durch eiskaltes morgendliches

Duschen, tagelanges Gemüsesaftfasten oder das Tragen von Schurwollpullovern auf nackter Haut. Sollte das zu wenig sein, können Sie sich an klassischen Katastrophenfilmen und den gängigsten Weltuntergangsszenarien orientieren. Als musikalische Begleitung empfehle ich deprimierende Experimentalmusik.

2. Demotivieren Sie ohne Unterlass. Seien Sie nie zufrieden und loben Sie nicht (man kann es nicht oft genug betonen). Ziehen Sie ein „langes Gesicht“, sobald Ihnen ein Mitarbeiter über den Weg läuft. Vertrauen Sie auf Ihre Vorbildwirkung. In wenigen Stunden werden die ursprünglich Motiviertesten ebenso wie Sie herumlaufen und nur noch Augen für das Schlechte in der Welt haben. Bleiben Sie bei dieser für das *Betriebsdesaster* so wertvollen Tätigkeit stets distanziert und unnahbar. Bilden Sie einen Schutzwall aus Aggression um sich herum. Jeder Mitarbeiter sollte wissen, dass Sie auf dem Weg nach unten sind und dort auch bald ankommen wollen.
3. *„Knock yourself out!“* Finden Sie Möglichkeiten, die Mitarbeiter zu schikanieren. Erfinden Sie für das Unternehmen dringende Maßnahmen, die der sofortigen Umsetzung bedürfen, und Fehler, die sofort behoben werden müssen. Seien Sie von Ihren Lösungen begeistert, selbst wenn kein anderer diese gut findet. Packen Sie beispielsweise alle Produktionsmitarbeiter in rosa Overalls, weil das aus Sicherheitsüberlegungen passend erscheint, oder bringen Sie überall knallgelbe Wandteppiche an – zur Verringerung der Geräuschkulisse. Wesentlich in diesem Zusammenhang ist ausschließlich das Demotivationspotenzial der gewählten Maßnahme.

Dieser dreistufige Plan hat ungeahnte Erfolgsaussichten, auch in den besten Unternehmen ein *Betriebsdesaster* platzieren und entwickeln zu können. Einschlägige Experimente belegen, dass dieses Vorgehen ungewünschte betriebliche „Krankheiten“, wie Begeisterungsfähigkeit und Umsetzungsstärke, im Keim erstickt. Umso mehr gilt hier der Spruch: *„Wehret den Anfängen!“*

Das Thema „Demotivation durch übelste Arbeitsplatzgestaltung" verdient separate Betrachtung. Es eignet sich hervorragend, den Mitarbeitern jegliche Freude am Arbeiten zu nehmen, und empfiehlt sich dadurch als Schnelllösung für die gewünschte Demotivation.

Zum Arbeitsplatz

Der größte Feind des Desasters ist der an und von seinem Arbeitsplatz begeisterte Mitarbeiter. Diese Begeisterung kann fatale Auswirkungen auf die Demotivation haben, weshalb in diesem Punkt besondere Vorsicht geboten ist.

Lassen Sie unter keinen Umständen jemals einen Mitarbeiter seinen Arbeitsplatz eigenständig gestalten. Es besteht die Gefahr, dass er diesen so herrichten könnte, dass er sich wohlfühlt. Je wohler sich ein Mitarbeiter fühlt, desto unwahrscheinlicher ist die Demotivation zu erreichen. Verbieten Sie daher unbedingt die individuelle Gestaltung des Arbeitsplatzes.

Gleicht dieser einer Gefängniszelle oder vermittelt er Sterilität wie ein Operationssaal, lässt sich davon ausgehen, dass eine angenehme Atmosphäre gar nicht erst entstehen kann. Vereinheitlichen und reduzieren Sie nach Leibeskräften, bis der Arbeitsplatz Ähnlichkeit mit einem Buswartehäuschen oder einer Bahnhofshalle hat. Stehen Sie dazu, dass Sie ausgefallene Lieblingsfarben haben, und überraschen Sie alle Mitarbeiter durch die einheitliche Gestaltung des gesamten Interieurs in exzentrischen Farbtönen.

Folgen Sie ausschließlich Ihren eigenen Vorstellungen von Ästhetik, Schönheit und Zweckmäßigkeit und lassen Sie die anderen daran teilhaben.

Diese Überlegungen bringen uns zur Hierarchie als mächtigstem Werkzeug der Demotivation. Es ist manchmal kaum zu glauben, welche hervorragend desaströsen Wirkungen Hierarchie auf Organisationen ausüben kann. Was wäre ein *Betriebsdesaster* ohne die Effekte dieses herrlichen Ansatzes?

Zur Hierarchie

Sehen Sie die Hierarchie als das, was sie wirklich ist, die Top-Eliteeinheit und ultraschnelle Eingreiftruppe der strukturierten Mitarbeiterdemotivation. Demotivation funktioniert, wie wir bereits festgestellt haben, am besten von oben nach unten. Hierarchien helfen Ihnen dabei und erweisen unglaubliche Dienste. So wie die Sonne von oben auf alle herunterstrahlt, verhält es sich mit der Demotivation. Diese hat an der Unternehmensspitze zu beginnen und sich wie in einer Sektglaspyramide den Weg nach unten zu bahnen.

Bestehen Sie auf strenge Einhaltung der „Befehlskette". Machen Sie jedem klar, wer hier der Kapitän auf der Titanic ist. Das gilt auch, wenn Sie in schlechten Zeiten der Erste sein werden, der von Bord geht, und vor allen anderen in ein neues Unternehmen wechselt. Gehen Sie davon aus, dass Sie selbst der Schlaueste innerhalb der Organisation sind - weswegen wären Sie sonst an der Spitze? Verweisen Sie bei Meinungsverschiedenheiten auf Ihre Position und beenden Sie damit alle Gespräche. Oder stellen Sie Fragen, deren Antwort Sie bereits kennen (nämlich „keine"), wie zum Beispiel: „Wie viele Unternehmen haben Sie schon geleitet?", „Welche Erfahrung können Sie vorweisen?" etc.

Ähnlich der päpstlichen Unfehlbarkeit leiten Sie Ihre Entscheidungen nicht aus Argumenten, sondern aus Hierarchien ab. Der männliche Leser kennt diesen Ansatz vielleicht vom Wehrdienst, wo bekanntermaßen die Allerbesten das Kommando haben. Diskutieren Sie nicht, sondern fahren Sie über alle „drüber", die „unter" Ihnen sind. Die Hierarchie und deren Anwendung wird Ihnen dabei ein treuer Begleiter sein.

Wir erkennen, dass Wesentliches an der Person und dem Selbstverständnis des Managers hängt. Diesem Umstand wollen wir den letzten Punkt der Mitarbeiterdemotivation widmen.

Zur eigenen Persönlichkeit

Wer nicht dienen kann, muss herrschen, lautet das Sprichwort. In Ihrem Fall muss es anders heißen: *Wer mir dienen will, muss sich von mir beherrschen lassen*. Üben Sie diese Herrschaft ohne Rücksicht auf Verluste aus, das *Betriebsdesaster* wird mit Ihnen sein.

Sehen Sie Besonnenheit und Gleichmut als Zeichen von Schwäche. Explodieren Sie hin und wieder ohne Vorwarnung. Schreien Sie mit den Mitarbeitern und lassen Sie alle Ihren Groll spüren. Geben Sie Druck unvermindert weiter. Achtung: stets von oben nach unten (siehe oben zum Stichwort „Hierarchie"). Ein überraschender cholerischer Ausbruch schafft fundierte Demotivation über mehrere Tage und wirkt im besten Fall lange nach. Der Mitarbeiter soll stets darüber informiert sein, wer der unternehmensinterne Demotivator ist, wenn er seinem sozialen Umfeld über besonders auffällige Phänomene am Arbeitsplatz berichtet.

Bestehen Sie darauf, dass Sie als freier Mensch geboren wurden und als Führungskraft das Recht haben, Ihre Gefühle auszuleben. Stellen Sie fest, wie befreiend es sein kann, andere in die Schranken zu weisen. Arbeiten Sie in diesem Zusammenhang sämtliche Kindheitstraumata auf, die Ihnen einfallen. Denken Sie daran, dass Sie der unumschränkte Machthaber sind, der über alles und jeden verfügen kann. Sollten Sie diesen Entwicklungsschritt noch vor sich haben, empfehle ich, diese herrlichen Zustände zumindest zu visualisieren. Mit dieser Vision beginnt Ihre Zukunft im Desaster. Nach wenigen Visualisierungseinheiten werden Sie merken, wie Ihr Selbstvertrauen wächst.

Lassen Sie mitunter andere an Ihrer Genialität großzügigerweise teilhaben. Erteilen Sie kluge Ratschläge und geben Sie Tipps, die keiner braucht. Vertrauen Sie darauf, dass man Ihnen zuhört, schließlich sind *Sie* der Chef und Oberexperte für alles. Dies gilt es für den Aufbau des eigenen Selbstwertgefühls auszunutzen. Sprechen Sie in einem fort, und beglücken Sie Ihre Zuhörerschaft mit gefinkelten Fragestellungen, die nur Sie selber zu beantworten imstande sind, oder teilen Sie persönliche Weisheiten mit allen. Ein Stammplatz in der Erinnerung der Mitarbeiter ist Ihnen sicher.

Im nächsten Abschnitt widmen wir uns dem Thema Managementchaos, das inhaltlich gleichsam nahtlos an die Mitarbeiterdemotivation anknüpft. Ich wende mich hierbei an Führungskräfte und jene, die es werden wollen, mit wertvollen Ratschlägen, um das Unternehmen im Ernstfall auch allein in den Untergang lenken zu können.

Anleitung zum Managementchaos

And when the going gets hard
You can eat your credit cards.
(Adam Ant, Room At The Top)

Manches Mal kann es sehr einsam sein hinter dem Steuerrad des Wirtschaftsdampfers, den Sie kommandieren. Das ersehnte *Betriebsdesaster* will und will sich nicht einstellen, obwohl Sie bereits mit besten desaströsen Vorsätzen an der Demotivation Ihrer Mitarbeiter gearbeitet haben. Sobald die demotivierten menschlichen Multiplikatoren nicht ausreichen, um das Schiff zum Kentern zu bringen, wird das Thema Untergang zur Chefsache. Nehmen Sie die Dinge selbst in die Hand.

Lassen Sie sich vorab ein wenig beruhigen. Vielen Geschäftsführern und Standortleitern ergeht es ähnlich wie Ihnen. Die Eigenmotivation der Mitarbeiter ist sehr oft äußerst widerstandsfähig oder sogar immun gegen Demotivationen von „oben". Manche Mitarbeiter arbeiten sogar gegen alle Widerstände und Hindernisse mit vollem Einsatz weiter. Auch wenn Ihnen als kühlem Rechner und Strategen dafür die Einsicht fehlt, denken Sie daran: Es ist wie mit den Frauen, versuchen Sie erst gar nicht, diese zu verstehen.

Die folgenden Regeln sollten Ihnen helfen, diese in Expertenkreisen als „Desaster-Limbo" bekannte Situation souverän zu meistern.

Zum Zahlenverständnis

Betrachten Sie die Kenntnis um aktuelle und einschlägige Unternehmenskennzahlen als Aufgabe der Buchhaltung. Wer interessiert sich sonst schon für rot-schwarz-weiße „Zahlenkunstwerke" wie Budgetberichte, Buchungen, Quartalsergebnisse, Kostenrechnung und Bestellungseingänge? Wofür hat man Controller im Haus? Sie backen Ihr Brot ja auch nicht selbst, bauen nicht Ihr Haus und schneidern nicht Ihre Anzüge. Wen Zahlen „scharf" machen, dem kann geholfen werden. Sie sitzen auf dem Chefsessel und nicht in der Finanzbuchhaltungsabteilung! *Quod erat demonstrandum* (was zu beweisen war).

Vergessen Sie daher den Zahlenkram! Bestellen Sie die Ergebnisse unbürokratisch bei Ihrem Controller und sagen Sie ihm, welcher Betrag am Ende des Jahres herauskommen soll.

Ein Geschäftsführer hat es mir gegenüber einmal höchst treffend formuliert: „Ich habe keine Lust mehr, Verluste zu machen!" Er war zwar offensichtlich nicht besonders mutig und wollte auf dem Weg in sein Desaster umdrehen, doch sollten wir ihm diese kleine Schwäche großzügig nachsehen. Bemerkenswert und höchst erfreulich war seine desaströse Einstellung, die sich durch die semantische Verbindung von „Verlust" und „Lust" eindrücklich zeigte. Methodisch war er also schon bestens vorbereitet, allein die richtige Richtung zum Absturz fehlte ihm noch.

Die (in seinem Fall mangelnde) Lust am Verlust zeigt, welche emotionalen Zustände das *Betriebsdesaster* hervorzurufen in der Lage ist. Das geht über die blanke Begeisterung am Untergang hinaus. Sein Zustand hatte bereits erotische Züge angenommen und entwickelte sich entlang des Lustgewinns an „roten Zahlen". Hätte der gute Mann tatsächlich Lust auf Verluste gehabt, wäre er ein wahres Naturtalent und wahrscheinlich einer der prominentesten Vertreter in Sachen *Betriebsdesaster*.

Die größte Gefahr, die von der Beschäftigung mit Kennzahlen ausgeht, ist die Phantasieblockade. Denken Sie an Ihre Visionen! Machen Sie Ihren Geist frei für Luftschlösser und Katastrophen in allen Dimensionen. Träumen Sie den Untergang herbei, und ich verspreche Ihnen, er wird Sie heimsuchen. Wie ein Adler zwischen den Berggipfeln arbeiten Sie an Mission und Vision und Ihren Unternehmensprinzipien. Wie soll ein geschärfter Geist wie der Ihre am Absturz arbeiten, wenn ihm dabei das tägliche Kleingeld in die

Quere kommt? Leicht ist zu erkennen, wie unvereinbar die Position des Chefs mit der Kenntnis und dem Wissen um Kennzahlen ist. Wer sich um solche Themen kümmert, kann gar kein „richtiger“ Desastermanager sein. Ein richtiger Unternehmensführer hat andere Aufgaben.

Diesen „anderen Aufgaben“ wollen wir uns im Anschluss widmen. Nicht immer ist sofort erkennbar, welche Tätigkeiten das *Betriebsdesaster* einem Manager abverlangt.

Zur Heuchelei

Das Thema „Heuchelei“ besitzt zwar allgemeine Gültigkeit im täglichen Kampf um ein gediegenes Desaster und könnte daher in allen Bereichen exzellent funktionieren, wird aber insbesondere im Bereich des Managementchaos erfolgreich eingesetzt.

Mit Heuchelei empfehle ich Ihnen nicht nur, etwas anderes zu tun, als Sie angekündigt haben, sondern eine völlig gegensätzliche Position zu dem einzunehmen, was Sie für sich und das Unternehmen postulieren.

Im Außenverhältnis

- behaupten Sie, dass Ihr Unternehmen innovativ sei und Sie betriebliche Innovationen möglicherweise sogar durch ein besonderes, vielleicht von Ihnen selbst erdachtes Anreizsystem fördern. Die öffentliche Meinung zu diesem Ansatz wird durchwegs positiv sein, man zeigt sich beeindruckt von Ihrer Weitsicht und Großzügigkeit.
- behaupten Sie, dass Personalentwicklung und Mitarbeiterförderung in Ihrem Unternehmen an erster Stelle stehen. Nach dem Motto: *„Die Mitarbeiter sind unser wichtigster Erfolgsfaktor.“*

- demonstrieren Sie Verständnis für die Bedürfnisse der Mitarbeiter. Behaupten Sie, stets ein offenes Ohr und auch die Zeit zu haben, sich um deren Anliegen zu kümmern.

Im Innenverhältnis zeigen Sie ein gänzlich anderes Gesicht, denn

- Sie ignorieren Vorschläge, die nicht von Ihnen selbst stammen, weil niemand anderer an Ihre Genialität heranreichen kann.
- Sie wischen alles vom Tisch, das nicht in Ihr desaströses Konzept passt, und schüchtern Leute mit anderen Vorschlägen hemmungslos ein.
- Sie interessieren sich keine Sekunde für die Entwicklung der „Bande". Bildung verschwendet lediglich Ressourcen, die an anderer Stelle (ein neuer Sportwagen als Dienstauto wäre „angesagt") besser eingesetzt werden können. Bildung hat billig zu sein oder bestenfalls gar nicht stattzufinden.
- Sie „pfeifen darauf", wie es Ihren Leuten geht. Jeder ist selbst seines Glückes Schmied und trägt die Verantwortung für sein Wohlergehen. Je schlechter es den anderen ergeht, desto besser fühlen Sie sich.

Immanente Gefahr für das Managementchaos geht von der Arbeit aus, welche „an sich" bereits gefährlich ist. Auch die härtesten Lebenskünstler des Untergangs sind nicht davor gefeit, manchmal in produktive Tätigkeit abzugleiten. Ich kann nur eindringlichst empfehlen: Bleiben Sie in solchen Situationen ruhig und bewegen Sie sich nicht, so kann nichts passieren, und folgen Sie den weiteren Anleitungen Wort für Wort. Lassen Sie sich in solch heiklen Situationen auf nichts ein und gehen Sie konzentriert vor.

Zur Arbeit an sich

So ist das Leben
Der Eine kommt nach Paris
Der Andere kommt nicht nach Paris
Wie das Leben halt so is
(Josef Hader, So ist das Leben)

Arbeiten sollen im Idealfall die Mit-Arbeiter. Dafür haben Sie diese schließlich auch eingestellt. Tatsächlich arbeitende Führungskräfte beweisen durch ihren Einsatz lediglich, dass sie nicht in der Lage sind, zu delegieren. Man nennt so etwas im Expertenjargon auch „Versagen auf der Managementebene".

Sie machen das anders: Stellen Sie sich vor Ihre Mitarbeiter, schaffen Sie diesen an, wie die Ihrer Phantasie entsprungenen Ziele erreicht werden müssen, und widmen Sie sich wieder Ihren Hobbys. Kontrolle ist keinesfalls notwendig, es sind ja alle bereits erwachsen.

Als Managementchaot können Sie es sich erlauben, über den Dingen zu stehen, spät im Unternehmen zu erscheinen, dafür aber umso früher wieder zu gehen. Verschanzen Sie sich im Büro, lassen Sie alle Wünsche, Anregungen und Beschwerden von Ihrer Sekretärin abblocken. Vereinbaren Sie doch lieber einen Termin für sportliche Aktivitäten. Wann haben Sie das letzte Mal Golf oder Tennis gespielt? Organisieren Sie Urlaube und sonstige Feiern oder relaxen Sie wieder einmal, die Mitarbeiter werden diesen Tatendrang beeindruckt beobachten!

Sollte die Beobachtung und Bestaunung Ihrer Person und Relaxiertheit durch Firmenangehörige ausnahmsweise nicht möglich sein (Segeltörn, Golfrunde, Casinobesuch etc.), bedarf es blumiger Erzählungen und begeisterter Schilderungen Ihrer Aktivitäten. Achten Sie darauf, die Geschichten nach allen Regeln der Kunst zu formulieren und auszuschmücken. Schildern Sie exakt die Beschleunigungswerte Ihres Sportwagens auf der kurvenreichen

Straße zum Golfclub in der Toskana, ergehen Sie sich in Kommentaren zum Seegang und zur Ausstattung Ihrer Yacht. Sammeln Sie sündhaft teure Vasen und Teppiche. Ernennen Sie das Erwerben dieser Gegenstände zu Ihrem Hobby, präsentieren Sie diese Sammlerstücke stolz der gesamten Belegschaft, auf dass jeder erkennen kann, wie lange er für Ihre Schnäppchen arbeiten müsste. Haben Sie Verständnis für das ungläubige Staunen Ihrer Mitarbeiter und machen Sie diesen zum wiederholten Male klar, dass es eben wiederum die Unterschiede sind, die unserem Leben die besondere Würze verleihen. Mitleid bekommt man geschenkt, den Neid muss man sich erarbeiten.

Einmal den Olymp des Unternehmens erreicht, kann man am schönsten entspannen. Dabei darf auch der Spaß nicht zu kurz kommen. Genießen Sie das Gefühl, verbindliche Zusagen einfach vergessen zu können. Gönnen Sie sich den verdutzten Gesichtsausdruck derer, die auf Ihre Zusagen vertraut haben, und bringen Sie damit Farbe und Vergnügen in Ihren Arbeitsalltag. Sie haben es sich bestimmt verdient. Sollten Sie es sich nicht verdient haben, wird es niemand bemerken, machen Sie sich deshalb bitte keine Vorwürfe.

Was wären die Managementchaoten als Helden des *Betriebsdesasters* ohne den ihnen gebührenden öffentlichen Auftritt: Ein wenig Publizität kann nicht schaden. Aber auch dieser Bereich will durchdacht sein und bedarf besonderer Aufmerksamkeit. Versichern Sie sich des Staunens der Massen, des Gejohles des Pöbels und zeigen Sie Präsenz.

Zum Platz in der Gesellschaft

Zurückhaltung ist ein Zeichen der Erfolglosen! Wir alle wissen, dass stets die am meisten in den Medien präsenten Managementchaoten die besten ihres Faches sind. Diese Elite glänzt durch Auftritte in Film, Funk und Fernsehen in völlig unternehmensfernen Bereichen. Drängen Sie als Sänger ins Rampenlicht der Öffentlichkeit, werden Sie Partylöwe des Jahres oder Ehrenpräsident des Wanderzirkus. Was gibt es Wichtigeres, als von der Masse bestaunt und bewundert zu werden?

Wer nur in der Firma „etwas darstellt", kann kein „ganzer Mensch" sein. Entdecken Sie die zahlreichen Facetten Ihres Charakters durch das Repräsentieren Ihres Unternehmens an verschiedenen Orten und in abwechslungsreichen Rollen. Bringen Sie die Menge zum Staunen!

Dazu ein Beispiel: Ich kenne einen ehemaligen Geschäftsführer, der auf den Brettern, die die Welt bedeuten, eine passable regionale Karriere machen konnte. Sein Unternehmen hat er inzwischen ganz im Sinne eines *Betriebsdesasters* gegen Übernahme seiner Schulden verschenkt. Jetzt hat er Zeit und Muße, sich den schönen Künsten zu widmen. Sein Fall gilt in der Literatur der Desasterwissenschaft als Paradebeispiel für den klassischen wirtschaftlichen Untergang mit Stil und künstlerischer Note.

Eine solche oder ähnliche Karriere können auch Sie anstreben. Das Scheinwerferlicht hat noch genügend Lux für Ihren Auftritt und Ihre Schau. Vertrauen Sie auf Ihre Stärken und halten Sie durch bis zum Durchbruch. Wer weiß, vielleicht werden Sie sogar „entdeckt" und berühmt?

Nach der Betrachtung innovativer und künstlerischer Darbietungen zur Steigerung des Chaos in Management und Gesamtunternehmung treffen wir nun auf den wohl schlimmsten Feind des Desastermanagers.

Zur Disziplin

Disziplin ist für Managementchaoten wie Knoblauch für Vampire. Disziplin verbraucht Energie, bietet nur selten lustige Abwechslung im grauen Alltag und gilt als die „klassische Spaßbremse".

Dieses Wort leitet sich vom lateinischen „disciplina" ab, welches „Lehre", „Schule" oder „Zucht" bedeutet. Jeder, der sich daran erinnern kann, wie es war, von einem Lehrer in der Schule gezüchtigt zu werden, kann sofort erkennen, dass es sich um das Unwort von Generationen von Menschen handeln muss. Schon allein aufgrund der sprachlichen Herkunft kann Disziplin nur etwas überdurchschnittlich Schlechtes sein. So sind vermutlich Lehrer die Einzigen, die ihre rechte Freude mit diesem Wort haben, wahrscheinlich, weil sie selbst auf der angenehmen Seite der Disziplinierung stehen.

Wäre die Disziplin wichtig für Ihr *Betriebsdesaster*, so wären Asketen die desaströsesten Führungskräfte. Da dies nicht der Fall ist, wurde hiermit wiederum bewiesen, was zu beweisen war.

Vertreiben Sie die Disziplin nicht nur aus Ihrem betrieblichen Umfeld, sondern lassen Sie Disziplin- und Maßlosigkeit auch in Ihr Privatleben einfließen. Disziplinlosigkeit ist ein solch wichtiger Baustein für das *Betriebsdesaster*, dass es nicht ausreicht, diese Einstellung lediglich im Unternehmen zu fördern. Disziplinlosigkeit will gelebt, verinnerlicht und ganzheitlich erfahren werden.

Beginnen Sie und Ihre Mitarbeiter am besten mit der unkontrollierten Einnahme von Süßspeisen und Paniertem. In Kombination mit Alkohol und Tabak schaffen Sie optimale Voraussetzungen für einen herrlichen Leistungseinbruch. Starten Sie Ihr *Betriebsdesaster* am Morgen mit Kaffee und Zigaretten, denn der frühe Vogel würgt am Wurm. In der Mittagspause gönnen Sie sich doch etwas Alkohol zur Abrundung des Gesamterlebnisses. Achten Sie hierbei auf die regelmäßige Durchführung von Rauchpausen. Besonders für Führungskräfte bieten diese Unterbrechungen zwei kaum zu überschätzende Vorteile. Erstens können Sie während der Rauchpause als Vorbild für Ihre Mitarbeiter dienen, was sofort deren Interesse an einer eigenen Pause weckt, zweitens zeigen Sie jedem, dass eine gerollte Tabakstange Sie im Griff hat und über Ihre Zeit bestimmt. Das *Betriebsdesaster* braucht genau solche Führungskräfte.

Geben Sie Ihren Neigungen nach und genießen Sie den freien Fall bis zum Aufschlag.

Fast ebenso gefährlich wie die Disziplin ist der Erwerb von Fach- und Führungskompetenz.

Zur Kompetenz

I hab zwar ka Ahnung wo i hinfahr,
aber dafür bin i g'schwinder durt!
(Helmut Qualtinger, Der Halbwilde / Der Wilde auf seiner Maschin)

Fach- und Führungskompetenz stehen dem Erreichen des *Betriebsdesasters* diametral gegenüber. Das bedeutet, es handelt sich bei diesen Begriffen um unvereinbare Gegensätze.

Fachkompetenz ist, wie der Name bereits andeutet, ein Themengebiet für Fachidioten. Gehen Sie unvorbereitet in Besprechungen. Glänzen Sie dort durch dominante Rhetorik und „starke Sprüche" wie: „Das schaffen wir schon!", „Wir stemmen das!", „Wäre ja gelacht – eine Kleinigkeit!" oder „Ich will das erledigt sehen, wie, ist mir egal!". Treten Sie betont großspurig auf. Kritisieren Sie niemals konstruktiv. Finden Sie alle Fehler bei den anderen, aber lassen Sie die Finger von eigenen Verbesserungsvorschlägen.

Führungskompetenz ist lediglich für das Führen in den Abgrund zulässig. Gehen Sie in diesem Fall ebenso mit gutem Beispiel voran, glänzen Sie durch Inkompetenz auf allen Ebenen.

Besonders schlaue Managementchaoten tarnen sich als höchst kompetente Zeitgenossen und haben zu den meisten Themen die ihrer Meinung nach beste Theorie oder den besten Kenntnisstand. Lassen Sie sich nicht täuschen, sondern nehmen Sie sich ein Beispiel an diesen Experten. Es handelt sich hierbei um versteckte Anhänger des *Betriebsdesasters,* die durch diese List noch wirkungsvoller agieren wollen.

Niemals dürfen Sie vergessen, dass der sicherste Weg zum Managementchaos über Ihr Selbstverständnis als Verantwortlicher führt. Seien Sie restlos von sich selbst überzeugt, entwickeln Sie Ihr Unternehmen völlig losgelöst von der betrieblichen Umwelt.

Der letzte Abschnitt des „Humandesasters“ gleicht der Notbremse in einem Zug. Wenn weder Demotivation noch Managementchaos ausreichen, um mit dem eigenen Personal unterzugehen, so hilft nur noch die rasche Trennung von den Leistungsträgern.

Anleitung zur Abwanderungsmaximierung

Kommen wir direkt und ohne akademische Umschweife zum Kern der Abwanderungsmaximierung: Behandeln Sie Ihre Mitarbeiter wie Sondermüll! Wie das funktioniert, wird in der Folge erklärt.

Zur Entsorgung

Einen Mitarbeiter wie Sondermüll zu behandeln, bedeutet ihn von allen relevanten Bereichen im Unternehmen auszuschließen. Lassen Sie im Rahmen dieser Sonderbehandlung die Leute ihre Zeit absitzen, ohne für das Unternehmen tätig werden zu können. Schließen Sie jede konstruktive Tätigkeit von vornherein aus. Generieren Sie Bereitschaftsdienste, ohne dass jemals Bereitschaft gefragt wäre, inhaltsfreie Journaltätigkeiten sind ebenso möglich.

Der Vorteil dieser Sondermüll-Entsorgungs-Methode ist unschwer erkennbar. Menschen mit Optionen am Arbeitsmarkt - in der Regel diejenigen, welche aufgrund ihres Leistungsvermögens, ihres Einsatzes und ihrer Ausbildung auch attraktiv für andere Unternehmen sind - werden Ihr Unternehmen als Erste verlassen. Es folgen diejenigen, welche sich aus grundsätzlichen Überlegungen eine solche Behandlung nicht gefallen lassen wollen. Sollte das in Ihrem Betrieb der Fall sein, können Sie davon ausgehen, dass das Programm zur Persönlichkeitsdeformation (siehe oben) dringend reformbedürftig ist.

Mitarbeiter, die trotz „Müllbehandlung" weiterhin bei Ihnen bleiben, sind Ihre Begleiter ins *Betriebsdesaster*. Auf diese Weise durchgeführt, bietet die Abwanderungsmaximierung den idealen Filter und dient als Sicherheitsreserve, um den Untergang nicht zu gefährden.

Zur Entsendung

Sollte der Sondermüll-Ansatz Ihrem persönlichen Wertekatalog widersprechen, so haben Sie ein grundsätzliches Charakterproblem. Auf die Möglichkeit, in diesen Fällen professionell Hilfe in Anspruch zu nehmen, wurde bereits hingewiesen. Der Abwanderungsmaximierung tut das alles keinen Abbruch, denn mit der dezenteren Methode der „Entsendung" erzielen Sie ähnliche Ergebnisse mit etwas mehr Zeitaufwand.

Hierbei geht es darum, den Mitarbeiter ohne konkreten Auftrag „von Pontius zu Pilatus" zu schicken. Stellen Sie Ihre Lieblingsrouten zusammen oder lassen Sie sich zur Veranstaltung einer betrieblichen „Schnitzeljagd" hinreißen. Hier ist alles erlaubt, was den Mitarbeiter sinnlos im Kreis rennen lässt.

Zur Entfremdung

Falls auch die Entsendung Ihnen zu viel Mühe bereitet, oder Sie ein Freund homöopathischer Anwendungen sind, empfehle ich eine noch dezentere Variante. Die Entfremdung funktioniert schleichend, aber gnadenlos.

Für diese Methode benötigen Sie Zeit und Ausdauer. Definiertes Ziel dieses Prozesses ist, dass der Mitarbeiter sich am Prozessende eingestehen muss, dass er seine eigene Firma nicht mehr kennt, sich also von ihr entfremdet hat, wie sich eben auch manch Ehegespons vom Partner entfremden kann.

Mit den gleichen Methoden wie bei einer vor sich hin kriselnden Ehe gilt es, diesen Weg zu beschreiten. Alles ist erlaubt, Sticheleien, Liebesentzug, Ignoranz, Missachtung und vieles mehr aus der Trickkiste der Beziehungsunfähigen. Ihr Fokus muss in diesem Fall allerdings auf Tätigkeiten knapp unter der bewussten Wahrnehmungsgrenze liegen. Das bedeutet, der Mitarbeiter weiß zwar nicht, warum er sich so schlecht fühlt, er wird dieses Gefühl allerdings nicht mehr los. Kenner von familienrechtlichen Verfahren werden mir zustimmen, dass dieser Ansatz seine Wirkung nur selten verfehlt.

Was auch immer Sie tun, um Leistungsträger hinauszuekeln, ich rate Ihnen, auch dieses Thema zur Chefsache zu machen. Besonders in so heiklen Bereichen will dafür gesorgt sein, dass der Fokus nicht verloren geht.

Mit dem Verlassen des Unternehmens durch Abwanderung beenden wir die Reihe des Humandesasters und wenden uns dem Bereich der Organisation zu. Auch hier gibt es viel zu tun für ein *Betriebsdesaster*, denn die Zerlegung von Strukturen ist eine Voraussetzung für die Implosion derselben.

Das Organisationsdesaster

Einführung

Wenn die Menschen die Christbaumkugeln sind, so ist die Organisation der Christbaum selber.

Im Lichte einer umfassenden Betrachtung darf das *Betriebsdesaster* nicht beim Menschen Halt machen, sondern muss sich ebenso um den organisatorischen Rahmen kümmern. Dies deshalb, da die Gesamtheit der im Betrieb Tätigen ohne Struktur nicht zielgerichtet ins Desaster geführt werden kann. Unbedarfte Beobachter könnten annehmen, dass das Fehlen einer formellen Organisation die Durchführung einer Katastrophe begünstigen würde. Nichts könnte im Bezug auf das *Betriebsdesaster* weiter von der Wahrheit entfernt sein.

Die formelle Organisation ist eine unabdingbare Voraussetzung des Desasters. Man stelle sich vor, der Absturz wäre nicht geplant. Sofort würden sich informelle Gruppen bilden, die eine Katastrophe womöglich noch abwenden könnten. Kaum auszudenken, welche Desastergefährdung in einer solchen Situation bestünde.

Eine weitere Unterscheidung ist von essenzieller Wichtigkeit. Wohl muss die Organisation als solche bestehen, lediglich funktionieren darf sie nicht. Um diesem Ansatz zum Erfolg und damit zum Misserfolg des Unternehmens zu verhelfen, bedarf es der drei Säulen des Organisationsdesasters:

1. Kommunikationsinferno
2. Kooperationsfiasko
3. Provinzialität

Anleitung zum Kommunikationsinferno

Gediegenes aneinander Vorbeireden garantiert Ihnen die sofortige Unterbrechung des Datenflusses und den völligen Informationsstillstand zwischen Ihren Organisationseinheiten.

Was sich auf den ersten Blick liest wie die sofortige Lösung eines Problems, ist aber das Ergebnis eines speziell zu diesem Zweck gestalteten Prozederes. Lediglich aneinander vorbeizureden führt zu ähnlichen Problemen in der Umsetzung wie die bereits erwähnte gänzliche Absenz von Strukturen. Nachhaltige Zerstörung des Unternehmens kann durch diese Maßnahme allein jedenfalls nicht gesichert erreicht werden. Es bedarf weiterer Schritte. Hierbei ist es von außerordentlicher Wichtigkeit, auf welche Weise man aneinander vorbeiredet. Zu empfehlen sind Kommunikationsmuster, die starke Emotionen wie Angst oder auch Hass zu schüren imstande sind.

Da es sich hierbei um ein Thema für Experten handelt, bedarf es besonderer Hingabe und Liebe zum Detail, wenn Erfolge erzielt werden sollen. Der folgende Kanon von Maßnahmen soll Ihnen erste Einblicke in diesen Themenbereich ermöglichen. Es sei an dieser Stelle allerdings angemerkt, dass eine in die Tiefe gehende Beschäftigung mit dem Thema den Rahmen dieses eher allgemein gehaltenen Buches sprengen würde. Aus dieser Überlegung entstand der Versuch, die wesentlichen Komponenten des klassischen Kommunikationsinfernos anzusprechen und in Grundzügen zu diskutieren.

Im Gegensatz zu den Kommunikationsvarianten der modernen Internettechnologie (E-Mail, Facebook, Web 2.0 etc.) besticht die klassische Version durch den Fokus auf das gesprochene Wort. Daher erachte ich es für notwendig, Sie als Leser zuerst mit den „Basics" vertraut zu machen, bevor Sie im „High-End-Bereich" dazu übergehen, eingespielte und funktionierende Kommunikationsmuster zu zerreißen.

Zu Sender und Empfänger

Sehen Sie Sender und Empfänger als Einheit! Gehen Sie davon aus, dass zwei oder mehrere Personen, die miteinander kommunizieren, wie selbstverständlich gleiche Interessen, Vorkenntnisse, Einstellungen und geistige Aufnahmefähigkeiten haben. Dieser Zugang erspart Ihnen genaues Zuhören sowie Erklärungen und Wiederholungen und macht zugleich jede Individualisierung der Kommunikation obsolet. Selbst wenn Sie es anfangs nicht so recht glauben können, ist der geschilderte Ansatz wahrscheinlich der effektivste, um das Chaos auch in eingespielten Gesprächsrunden einzuführen.

Diskutieren Sie stets unter folgender Annahme: Wenn Sie einmal etwas mitteilen, dann verstehen alle Zuhörer sofort, was Sie sagen. Sollte jemand etwas nicht verstehen, so hat dieser klarerweise Ihre Erklärung „falsch" verstanden. Die goldene Regel des Kommunikationsinfernos lautet: Entweder wird Ihnen etwas schlecht und unverständlich erklärt oder Sie werden falsch verstanden. Sie selbst sind perfekt, die anderen haben einen Defekt. Diese herrliche Regel lässt sich auf jeden Kommunikationspartner in jeder Situation anwenden und gibt Ihnen die Sicherheit, unfehlbar zu sein.

Aus dieser Einschätzung der eigenen Unfehlbarkeit ergeben sich automatisch phantastische Reibepunkte und Konfliktpotenziale. Dieser Effekt wird „lawinöse Verkomplizierung" genannt und verbindet rasche Ausbreitung frustrierender Einzelerlebnisse mit dem Aufbau massiver Konflikte der Teilnehmer. Diese Methode funktioniert sowohl in Kleingruppen als auch bei Podiumsdiskussionen mit hunderten Teilnehmern.

Wenn Sie sich in den Bereich eines Selbstversuches vorwagen wollen, rate ich Ihnen, es zuerst im engsten Familien- und Freundeskreis auszuprobieren. Denken Sie jedoch daran, dass Sie hiermit mitunter langjährig bestehende und in unterschiedlichem Ausmaß gepflegte Beziehungen an den Rand des Kollapses führen können. Werden Sie des Umstandes gewahr, dass die Effekte dieser Strategie nicht oder nur mehr unter Einsatz höchster Opfer auf beiden Seiten rückgängig gemacht werden können. Das bedeutet, dass Sie sich auf eine Kunst einlassen, in der „ohne Netz" gearbeitet wird. Bleiben Sie daher vorsichtig in der Ausführung und tasten Sie sich langsam an Ihre Grenzen heran. Die Einbeziehung eines externen Experten, der Sie professionell in den Untergang begleitet, wird angeregt.

Zur Moderation

Im Kommunikationsinferno ist Moderation stets verschleudertes Geld. Wer braucht schon einen Moderator, wenn man sich selbst so gerne reden hört! Der Moderator ist der natürliche Feind der Dauerredner. Diese Feindschaft ergibt sich aus den beinahe als natürlich zu bezeichnenden Gegensätzen. Es kann nur einen geben! Befreien Sie sich von der Last der Moderation und genießen Sie den ungebremsten Lauf der Worte aus Ihrem Mund.

Langweilen Sie Ihre Mitarbeiter durch stundenlange Monologe aus der Chefetage. Exzellente Dauerredner zermürben jeden noch so geschickt vorgebrachten Einwand durch eine Wortlawine. Ein Moderator stört dabei doch nur die Idylle! Diese Leute haben einfach zu wenig Ahnung von der Relevanz Ihrer Aussagen. Eine solche Beschneidung Ihrer Redezeit dürfen Sie nicht zulassen, denken Sie an Ihre Fans innerhalb der Firma!

Die große Gefahr der Moderation liegt in der Unabhängigkeit des Moderators. Dieser könnte unangenehme Fragen zum Thema stellen oder das Wort einem anderen Teilnehmer der Diskussion erteilen. Es könnte sogar am Thema gearbeitet werden. Höchste Unannehmlichkeit droht also von unabhängiger Seite. Bitte nehmen Sie diese Warnung sehr ernst, Ihre Allmacht ist viel zu kostbar, um sie dieserart leichtfertig aufs Spiel zu setzen.

Was können Sie unternehmen, wenn ein Moderator bereits bestellt wurde? Halten Sie sich an folgende Regel: Wer zahlt, schafft an. Halten Sie sich den Moderator wie eine Zierpflanze. Er lockert die Gesprächsrunde etwas auf, darf ab und zu - auf Ihr Geheiß - etwas sagen und hat ansonsten die Aufgabe, aufmerksam zuzuhören und sich vielleicht auch Notizen zu machen.

Zu den Kommunikationsregeln

Es verhält sich ähnlich wie mit der Moderationssituation. Regeln des „Miteinander-Kommunizierens" haben als unnötige Beschränkung zu gelten und sind jedenfalls verzichtbar. Fallen Sie - wann auch immer opportun erscheinend - brüsk den Mitrednern ins Wort, es gilt das Recht des Lauteren. Wenn notwendig, so schreien Sie, trommeln Sie sich auf die Brust, klatschen Sie in die Hände oder auf Tischplatten, starten Sie Sirenen oder hupen Sie, alles ist erlaubt, was das Strafgesetzbuch nicht verboten hat.

Setzen Sie sich theatralisch in Szene! Die meisten Menschen ahnen ja nicht, welch schauspielerisches Talent in Ihnen steckt. Nehmen Sie all Ihre Kraft zusammen und steigern Sie sich in einen wahren Rausch an lockeren Sprüchen und großzügigen Gesten. Lassen Sie sich dabei von berühmten Figuren aus Film, Funk und Fernsehen inspirieren!

Brillieren Sie mit Sätzen wie: „Jetzt reicht's aber!", „Hinaus, ich will Sie hier nicht mehr sehen!" und „Sie sind wohl vollkommen verrückt geworden!". Beschimpfen Sie Ihre Mitdiskutanten und geben Sie ihnen zusätzlich Tiernamen mit einschlägigen Eigenschaften. Eine freizügige bildliche Beschreibung sagt hier mehr als tausend Worte. Insgesamt ist Zurückhaltung nicht angebracht. Befreien Sie sich von den Zwängen der Gesellschaft und lassen Sie sich nicht länger vorschreiben, was Sie sagen dürfen und was nicht.

Sie wurden als freier Mensch geboren und die Freiheit der Meinungsäußerung ist eines Ihrer Grundrechte.

Nehmen Sie sich dieses Recht und üben Sie es aus, bevor man es Ihnen wieder wegnimmt. Spüren Sie den Rausch, der in Ihnen aufsteigt, wenn Sie alle Schranken durchbrechen und sämtliche Skrupel über Bord werfen. Seien Sie restlos von sich selbst überzeugt, schreien, schimpfen und explodieren Sie und sprechen Sie im militärischen Ton ohne Unterlass und Zurückhaltung.

Zum Wert der Kommunikation

Sehen Sie die konstruktive und freundliche unternehmensinterne Kommunikation als nichts anderes als Tratschen auf Firmenkosten ohne Beitrag zum Desaster. Was gibt es schon viel zu diskutieren im Laufe eines Tages? Wer hat wirklich Relevantes auf Lager? Realistisch betrachtet bedarf es für den Marsch in den Untergang ausschließlich Ihres Kommandos, jedes weitere Wort wäre da überflüssig. Diskussionen und sonstige Gespräche vermitteln unerwünschte Gefühle der Zusammengehörigkeit und Gemeinschaft. Gefragt sind Befehle und Gehorsam. „Habt Acht" und „Abmarsch" in die ruinösen Gebiete am Rande des Abgrunds.

Denken Sie logisch: Wenn ein Mitarbeiter wertschätzend kommuniziert, so kann er keinesfalls gleichzeitig am Untergang des Unternehmens arbeiten. Wer daran nicht arbeiten kann, kann auch nicht am Gesamtkunstwerk *Betriebsdesaster* arbeiten und ist folglich nutzlos. Miteinander reden kann man nach Dienstschluss. Im Betrieb ist man, um am Chaos zu basteln, basta!

Zusammengefasst lässt sich feststellen, dass Sie als Führungskraft im Desaster der Hauptredner sein sollten. Ist dies nicht der Fall, sorgen Sie tunlichst dafür, dass ein betriebsinterner Langweiler diese Rolle übernimmt. Verdrängen Sie sämtliche anderen Teilnehmer von der Bildfläche. Sorgen Sie dafür, dass dieser Zustand dauerhaft aufrechterhalten wird.

Nach der Kommunikation folgt die Kooperation als Feld der Umsetzung der zuvor erörterten Inhalte - ein für das Desaster entscheidender Bereich.

Anleitung zum Kooperationsfiasko

Zwei durchschnittliche Menschen werden beim Aufeinandertreffen im Arbeitsumfeld wahrscheinlich sogleich ausloten, ob und wie sie miteinander gemeinsame Ziele erreichen können. Dieser Vorgang ist blankes Gift für das Organisationsdesaster. Hier ist dringlich geboten, achtsam zu sein und dem Treiben bereits am Anfang ein Ende zu machen. Dazu jetzt konkret.

Zu Teilen und Herrschen

Bereits im alten Rom wusste man von den Vorzügen des Ansatzes *„divide et impera"*. Daran hat sich bis heute nichts geändert. Wollen Sie, dass die Zusammenarbeit zwischen Ihren Mitarbeitern zum Erliegen kommt, empfehle ich, diesen Ansatz zu verfolgen. „Divide et impera" steht für ein Modell, welches seine Vorteile daraus zieht, Unfrieden und Uneinigkeit der Machtunterworfenen zu generieren. Wo dieser Zustand eingetreten ist, kann sich keine Opposition gegen Sie bilden.

Durch „Teilen und Herrschen" werden Sie zum uneingeschränkten Machthaber, da Ihre Gegner sich nicht zusammenschließen wollen. Das Gegenteil dieser Entwicklung wäre eine Gewerkschaft oder Bewegungen, die ähnlich wie in der ehemaligen DDR „Wir sind die Firma!" rufen. Lassen Sie das nicht zu! Vermeiden Sie Zusammenschlüsse jeglicher Art. Zerstören Sie auch private Freundschaften durch betriebliche Aktionen.

Machen Sie aus den Leuten Verlierer in einer Situation, die nur Sie allein beherrschen können. Das Schicksal aller hängt von Ihren Entscheidungen ab – für das Erreichen des *Betriebsdesasters* eine schlicht ideale Konstellation.

Auch gibt Ihnen diese Vorgehensweise die Möglichkeit, sich von allen ob Ihrer Macht bestaunen zu lassen. Insbesondere die unterdurchschnittlich starken Charaktere in Führungsverantwortung werden diesen Zustand lieben. Vernichten Sie andere und stärken Sie dadurch sich selbst! Das erfreut nicht nur das Gemüt, sondern trägt auch zu Ihrer geistigen Gesundheit bei. Sparen Sie sich die Besuche beim Psychologen oder beim „Coach für Selbstbewusstsein, Kraft und starke Persönlichkeit", wenn Sie diese Erfahrung ohnehin auf Kosten Ihrer Mitarbeiter machen können.

Zum Platz an der Sonne

Lassen Sie alle Mitarbeiter gegen deren Kollegen „um ihr Leiberl laufen". Nehmen Sie dazu Anleihen aus dem Spitzensport.

- Gehen Sie vor wie manch Trainer bei Mannschaftsaufstellungen für bedeutende Sportwettkämpfe. Machen Sie die Teamkollegen zu Feinden und Rivalen um die wenigen Plätze „an der Sonne" – sprich, in Ihrer Nähe. Der Effekt ist unglaublich attraktiv. Interne Grabenkämpfe, welche wiederum substanziell zum Desaster beitragen, können so gefördert werden.
- *„The last man standing"* darf sich zu Recht als Schlüsselspieler im Wettbewerb um das Desaster wähnen. Wer alle anderen beseitigt hat, wird gefürchtet. Diese Situation ist wahrscheinlich auch die beste aller möglichen, um die Zusammenarbeit zu sabotieren. Jeder muss wissen, dass er die anderen zuerst vernichten muss, um eigene Ziele verfolgen zu dürfen.
- Optimal für das *Betriebsdesaster* ist der dauerhafte Zustand, in dem zwischen den Unternehmensbereichen und Standorten kein Wort gewechselt wird. Hier darf man auch als Führungskraft dem Geschehen mehr Raum geben, um die Eigendynamik des Prozesses auszunutzen. Der Flächenbrand des Misstrauens und der Feindschaft ist auch von höchstmotivierten Leistungs-

trägern nicht mehr zu stoppen. Sollte dennoch „Sand ins Getriebe“ kommen, genügt es, auf die Abwanderungsmaximierung zurückzugreifen, um sich dieser Personen zu entledigen.

Eine Möglichkeit darf keinesfalls übersehen werden. Die folgende Anleitung beschäftigt sich mit der Frage des Heimatstolzes. Weil wir alle es uns ja aussuchen können, wo wir auf die Welt kommen, darf man schon ein wenig stolz darauf sein, es sich bereits vor der Geburt so trefflich eingerichtet zu haben. Wir sind schon immer wir gewesen - und das werden wir auch bleiben.

Anleitung zur Provinzialität

Internationalisierung gefährdet das *Betriebsdesaster* durch den Einfluss ausländischer Ideen und das Aufzeigen von Alternativen zum bestehenden Untergangsszenario. Provinzialität hilft Ihnen, Ihr eigenes *Betriebsdesaster* unbehelligt von Entwicklungen außerhalb Ihres Betriebes zu betreiben. Bleiben Sie gedanklich und körperlich, wo Sie sich befinden, und vermeiden Sie Blicke über den Tellerrand.

Die größte Gefahr der Internationalisierung geht von ausländischen Kunden aus, die das *Betriebsdesaster* durch Bestellungen und die sich daraus ergebenden Umsätze in Schwierigkeiten bringen können. Fremdsprachenunkenntnis schützt davor und lässt Geschäftsbeziehungen gar nicht erst entstehen.

Als Führungskraft im Auftrag und zum Schutze des Umsatzabsturzes ist es Ihre Aufgabe, Provinzialität nicht nur zu propagieren, sondern diese auch gnadenlos umzusetzen. Hierbei hilft, wenn Sie selbst im Leben nicht weit gereist sind und sich auch für nichts außerhalb Ihrer Heimatgemeinde interessieren. Ignoranz ist eine modische Haltung für jeden Provinzialisten. Holen Sie sich wiederum Anleitungen und Vorschläge aus der Lokalpolitik. Lernen Sie Dorfkaiser kennen und werden Sie zum gelehrigen Schüler gelebter geistiger Begrenzung.

Weitere Vorbilder und Lehrmeister finden Sie in jeder „Mia san mia"-Szene. Wo auch immer Chauvinismus und Fremdenhass gepflegt werden, können Sie unbedenklich eintauchen in ein Meer aus Erfahrungen und Denkansätzen.

Der versierte Desasterfreund erkennt, dass es zu einschlägigen Themen durchaus geeignete Vorbilder in zweifelhaften Szenen gibt, derer er sich nur bedienen muss. Seien Sie kreativ und holen Sie sich Inspiration aus Ignoranz und Oberflächlichkeiten!

Zu den Fremdsprachen

Am besten begegnen Sie der Gefahr der Internationalisierung durch das Verhindern von Fremdsprachenkenntnissen Ihrer Mitarbeiter. Dieser Vorgang beginnt bereits bei der Rekrutierung sprachlich völlig ungebildeter Mitarbeiter und endet bei Verboten von Sprachschulungen und den Sprachhorizont erweiternden Veranstaltungen. Kinder gemischtsprachiger Eltern sollten Sie keinesfalls beschäftigen. Hierbei wäre die Gefahr des „Abfärbens" viel zu groß. Denken Sie an das Desaster.

Fremdsprachenkenntnis ist nichts anderes als ein untrügerisches Zeichen, dass Sie kein Vertrauen in Ihre Muttersprache haben. Wer etwas auf sich hält und mit dem nötigen Patriotismus ausgestattet ist, verzichtet freiwillig auf das Erlernen anderer Sprachen. Jemandem mit Fremdsprachenkenntnissen lässt sich unschwer unterstellen, dass ihm diese ausschließlich zur Möglichkeit der Anbahnung von Geschäftskontakten ins Ausland dienen, eine Tätigkeit, die für das *Betriebsdesaster* sicher nicht von Vorteil ist.

Wie soll man Verluste schreiben, wenn ein oberschlauer mehrsprachiger Mitarbeiter nach neuen Absatzmärkten im Ausland forscht? So jemand wäre für Aktionen dieser Art jedenfalls durch Kündigung zu bestrafen. Zögern Sie keine Sekunde bei der Durchführung dieser Maßnahme! Mir selbst wurde bereits von Mitarbeitern berichtet, die sich von allen unbemerkt Sprachen im Selbststudium aneignen konnten!

Es gilt weiterhin: Fremdsprachen sind für Fremde und nicht für Mitarbeiter gedacht. Würde man damit anfangen, fremde Sprachen zu erlernen, so könnte ja jeder irgendwelches „Kauderwelsch" zum Besten geben. Grundsätzlich ist der Erwerb von Fremdsprachenkenntnissen von der Gefahr begleitet, diese im Rahmen diverser Internationalisierungsbestrebungen auszuprobieren. Diesem Ansinnen muss Einhalt geboten werden! Schreiten Sie zur Tat und werden Sie zum aktiven Verfechter der Ein-Sprachen-Strategie.

Keine Regel ohne Ausnahme. Im *Betriebsdesaster* gibt es für eine Konstellation sogar das Gebot, Fremdsprachenkenntnisse anzuwenden, es wird „Desaster-Englisch" genannt und folgendermaßen gebildet und verwendet:

- Perfektes Desaster-Englisch bildet sich durch „mixen" Ihrer „Message" mit englischem „Wording", wodurch Sie sich so „relaxed" fühlen, dass Sie „really" vom „Loser" zum „Looser" werden. Sie finden plötzlich alles „cool" und „excellent", treffen danach Ihre „Buddies", gehen auf ein „Date" mit den „Babes" und den „Brothers", die Ihrerseits durch Ihr „Standing" allein bereits „gedownsized" werden. Das ist sofort eine „Challenge" für die „Gang", aber verzweifeln Sie nicht, denn als „Wiseguy" haben Sie erstens genügend „Cash" und zweitens für alles eine „Second Source" und „jetten" nach Hause, wo die „Mom" mit dem „Dinner" wartet. An Ihrer heutigen „B-Day-Party" serviert sie wahrscheinlich „Steak" mit „String Beans", gekauft im „After-Sale", und „Whiskey on the Rocks" - „Time's up" - „Yeah!".
- Versichern Sie sich, dass Desaster-Englisch von Mitarbeitern gesprochen wird, die keinen grammatikalisch fehlerfreien Satz auf Deutsch, geschweige denn in irgendeiner Fremdsprache bilden können. Das führt zu einer Verwendung von Sprache, die an Oberflächlichkeiten kaum zu übertreffen ist. Dieses Gestammel ist der „Top-Source-Code" für ein deftiges „Corporate-Disaster"!
- Fördern und fordern Sie Mitarbeiter, die sich wie soeben beschrieben ausdrücken, und Sie gewinnen dadurch die süßesten Ingredienzien für Ihre ganz persönliche Firmenprovinzialität.

Zur Herkunft der Kunden

Internationale Kompetenz Ihres Unternehmens bringt das Ziel des Umsatzeinbruchs gehörig ins Wanken. Seien Sie besonders vorsichtig und nehmen Sie diese Warnung ernst! Viele *Betriebsdesaster* wurden durch Zahlungen aus dem Ausland bereits „abgewürgt"! Die einzige Situation, in der ausländische Kunden Relevanz für das *Betriebsdesaster* haben, ist jene, in der ein solcher Kunde die Ware erhält, diese aber nicht bezahlt. Dieses Phänomen wird „Exportfalle" genannt und dient mitunter als letzter Ausweg vor drohenden Umsätzen und Gewinnen.

Im klassischen Fall der Bezahlung von Lieferungen und Leistungen durch ausländische Kunden kann man lediglich darauf hoffen, dass die Durchführung der Geschäftsfälle so viele Kosten verursacht, dass wiederum Verluste entstehen. Im Notfall können Sie sich in Administration und Auslieferung so verzetteln, dass sich ein sogenannter „Kostenvulkan" entwickelt, der fortwährend für ausufernde Ausgaben sorgt.

Zur Herkunft der Mitarbeiter

Sie müssen keine frischen Kräfte von weit her für den Untergang einstellen, wenn Sie sich Versager auch vor Ort züchten können. „Globetrotter" untergraben letztendlich auch noch Ihre Allmacht als Manager. Das dürfen Sie nicht zulassen.

Stellen Sie sich vor, was passieren könnte, wenn weitgereiste Mitarbeiter plötzlich vor Ihnen stünden und behaupteten, dass es noch andere, womöglich sogar bessere Lösungen als die Ihren gäbe. Ihr Ruf als allwissende Führungskraft würde sich in Nichts auflösen und das Kommando wäre Ihnen entglitten.

In Ansätzen haben wir uns bereits im Rahmen der Provinzialisierung mit (ausländischen) Kunden beschäftigt. Diesen Ausführungen soll ein Abschnitt folgen, der sich exklusiv mit dem Vertrieb beschäftigt. Es handelt sich um ein weiteres Herzstück des *Betriebsdesasters* – das Vertriebsdesaster.

Das Vertriebsdesaster

Einführung

Der funktionierende Vertrieb ist der größte anzunehmende Unfall für ein *Betriebsdesaster*. Vertrieb bringt im Regelfall Umsätze, diese führen zu Geldflüssen, im schlimmsten Fall zu Gewinnen, von denen man wieder nicht weiß, wohin damit. Geld physisch zu vernichten ist ja wenig elegant und bestenfalls ein Notbehelf.

Der Vertrieb setzt sich aus vielen Faktoren zusammen, die wichtigsten sollen in dieser Anleitung ihre Erwähnung finden. Die Kaskadenform des Vertriebsprozesses macht es möglich, das Desaster an jeder Stufe zu retten. Sollten sämtliche Versuche scheitern, bietet sich wie erwähnt lediglich die Vernichtung von Sach- und Barwerten des Unternehmens an.

Der Reihe nach: Der Vertriebsprozess beginnt entlang des AIDA-Prinzips („Attention-Interest-Desire-Action"), welches aus der Marketinglehre stammt und auf den Kunden zugeschnitten ist. Der Kunde wird auf ein Angebot aufmerksam (A), beginnt sich dafür zu interessieren (I), verspürt das Verlangen (D), dieses Angebot anzunehmen, und setzt die Aktionen (A), die dafür notwendig sind. Für unsere Zwecke fügen wir diesem Grundsatz noch ein „S" für „Satisfaction" (Befriedigung) hinzu, um auch die Betreuung nach der Kaufaktion abhandeln zu können.

Der Abschnitt „Vertriebsdesaster" wendet sich den allgemein gültigen Desastergrundregeln dieser AIDA+S-Struktur zu und beschäftigt sich danach eingehend mit deren Besonderheiten für den Konsumbereich. Der zweite Themenkomplex „Geschäftskundenabwehr im Gewerbe- und Industrievertrieb" wird vorrangig der Unterstützung und dem Führen von Vertriebsmitarbeitern und dem damit verbundenen Beitrag zum Untergang gewidmet.

Anleitung zum Nullumsatz

Ziel des Vertriebsdesasters ist und bleibt der Nullumsatz. In meinen Seminaren betone ich immer, dass wir nicht von „weniger Umsatz" oder „Rückgängen im Umsatz" sprechen, sondern ein Verhalten sicherstellen wollen, das überhaupt keine Umsätze zulässt. Bereits kleinste Umsatzgrößen können eine Kettenreaktion auslösen, die nicht nur das *Betriebsdesaster* insgesamt gefährdet, sondern sich wiederum nur unter Einsatz überragender Anstrengungen stoppen lässt.

Der Nullumsatz ist „der Turm in der Schlacht" um das *Betriebsdesaster*. Schenken Sie diesem Umstand die Aufmerksamkeit, die er verdient. Beherrscht ein Unternehmen den Nullumsatz, wird die Durchführung aller begleitenden Desaster deutlich vereinfacht. Ohne die notwendigen finanziellen Mittel kommen Sie beispielsweise gar nicht in Gefahr, junge, dynamische Kräfte für das Unternehmen anzuwerben. Sie schlagen mehrere Fliegen mit einer Klappe und lassen etwas Großes dabei entstehen. Das nennt sich Synergie.

Dem AIDA+S-Prinzip folgend will ich Sie in die allgemeinen Geheimnisse des Nullumsatzes einführen. Vertrauen Sie den folgenden Schritten, Sie wurden etliche Male erfolgreich umgesetzt.

Zur fehlenden Aufmerksamkeit (A)

So schlecht viele Betriebe auf das *Betriebsdesaster* vorbereitet sind – in diesem Punkt bekommen die meisten von mir eine „sehr gute" Beurteilung. Wenn man es schafft, keine Aufmerksamkeit zu erregen, so hat man bereits einiges erreicht. Werben Sie keinesfalls, und wenn Sie es doch tun (um ausnahmslos die Ausgaben zu erhöhen - bravo!), stellen Sie sicher, dass keinerlei Bezug zu Ihrem Unternehmen hergestellt werden kann. Niemand darf erfahren, dass es Sie gibt und was Sie tun. Das funktioniert so:

- Scheinen Sie nirgends auf. Wenn ich „nirgends" schreibe, meine ich „nirgends". Nicht im Telefonbuch, nicht im Internet, nicht auf Plakatwänden oder in Zeitungen! Bleiben Sie auf „Tauchstation" und entziehen Sie sich der öffentlichen Wahrnehmung. Niemand wird Sie vermissen, denn die Welt dreht sich auch ohne Ihr Erscheinen weiter.
- Erzählen Sie niemandem, was Sie tun. Am besten, es gibt Sie gar nicht, und Sie verstecken sich zu Hause. Härtere Naturen können auch in Erwägung ziehen, sich in ein Erdloch einzugraben oder sich durch „Tarnen und Täuschen" unsichtbar zu machen.
- Pflegen Sie keine persönlichen Beziehungen, die Ihre Existenz offenbaren könnten. Viele Menschen wurden schon erkannt, nur weil sie Freunde hatten. Verzichten Sie darauf und denken Sie an Ihr *Betriebsdesaster*, die einzig wahre und nachahmenswerte Unternehmensstrategie.

Sollten Sie es nicht schaffen, diesen Planeten unerkannt zu bewohnen, bleibt Ihnen als nächster Schritt nur das öffentliche Verschweigen Ihrer Organisation. Gelten Sie als arbeitslos! Und falls Sie „in flagranti" beim Betreten Ihres Betriebes erwischt werden - lügen Sie und streiten Sie ab, auch nur das Geringste mit diesem Unternehmen zu tun zu haben.

Zum mangelnden Interesse (I)

Ist durch Ihr Versagen im Bereich „Aufmerksamkeit" bereits Interesse geweckt worden und die erste Verteidigungslinie für den Nullumsatz somit gefallen, dann ist es notwendig, sich der Zerstörung des Interesses zu widmen. Für diesen Fall gibt es eine elegante Lösung, die all Ihre Lebenserfahrung und Ihren Einfallsreichtum beansprucht. Sprechen Sie schlecht über das eigene Unternehmen und alle, die darin arbeiten. Sparen Sie dabei nicht mit derben Redensarten und beleidigen Sie hemmungslos. Geizen Sie nicht mit Ihrem Wissen über Mängel in der Organisation, Katastrophen in der Leistungserbringung und menschliche Abgründe Einzelner. Geben Sie Beispiele und erzählen Sie drauflos.

Egal ob im Freundeskreis, in der Familie, in Vereinen oder bei Veranstaltungen - jeder Ort ist geeignet, etwas Negatives „vom Stapel" zu lassen. Wichtig ist dabei nur, dass bei dieser Offensivstrategie ausreichend Zuhörer anwesend sind, sonst wäre dieser Ansatz eine Verschwendung Ihrer negativen Energie.

Rekapitulieren wir: Entweder Sie erregen keinerlei Aufmerksamkeit und verstecken sich tunlichst (A), oder Sie versuchen volle Aufmerksamkeit zu erzielen, um Inhalte zu transportieren, die einem sizilianischen Paten die Tränen in die Augen treiben (I)! Das sind Ihre einzigen Alternativen für „A" und „I", nichts anderes ist für das *Betriebsdesaster* zulässig oder gar förderlich.

Zum ausbleibenden Verlangen (D)

Ersticken Sie jedes Verlangen auf Kundenseite bereits im Keim. Verschleiern Sie sämtliche Eigenschaften Ihres Unternehmens, die ein solches Verlangen auslösen könnten:

- Überladen Sie Prospekte mit überbordenden Daten und einer Gestaltung, die als Abschreckung dient. Freie und unbeschriebene Flächen dürfen nicht vorkommen, jeder Quadratmillimeter ist zu nutzen. Quetschen Sie sämtliche unnötigen Aussagen, die Ihnen einfallen, auf das Papier. Sofern sich potenzielle Kunden noch zurechtfinden, ist es nicht genug der Verschleierung.
- Machen Sie der Allgemeinheit klar, dass es sinnlos wäre, Ihr Produkt oder Ihre Dienstleistung haben zu wollen. Überzeugen

Sie durch Hinweis auf die zahlreichen Fakten, die gegen Sie und Ihr Unternehmen sprechen. Wenn Ihnen zu wenige einfallen, so erfinden Sie welche. Lassen Sie unzufriedene Kunden über Sie sprechen oder führen Sie an, wie viele Komplikationen es mit bestehenden Kunden bereits gebe. Geizen Sie nicht mit Superlativen!

Zur fehlenden Aktion (A)

Jetzt wird es „brandgefährlich". Ein potenzieller Kunde schickt sich an, etwas von Ihnen käuflich erwerben zu wollen. Die Alarmglocken sollten bereits schrillen, der Kunde droht mit einem Auftrag, die Umsatzwahrscheinlichkeit schnellt nach oben. Jetzt hilft nur noch eine Maßnahme: Verweigern Sie unter Aufbietung aller rhetorischen Kenntnisse die Annahme des Auftrages.

Beschreiben Sie diesen als für Ihr Unternehmen nicht geeignet, weil zu umfangreich, zu komplex, zu einfach, zu groß, zu klein, zu schön, zu hässlich, zu wenig herausfordernd, zu regional etc. Hauptsache ist, dass es keinesfalls funktionieren kann. Unzuständigkeiten vorzuschieben ist ein probates Mittel, um sich höflich aus der Affäre zu ziehen. Lassen Sie sich auf keinerlei Diskussionen ein, selbst wenn der Möchtegern-Kunde vor Ihnen auf den Knien rutscht. Behalten Sie den Fokus am Nullumsatz und weichen Sie keinen Millimeter von Ihren Aussagen zurück.

Im Notfall geben Sie bekannt, Sie wären ausnahmsweise ausgebucht/überfordert/unsicher/arbeitsscheu – was auch immer Ihnen einfällt und gefällt. Das oberste Ziel, die Auftragsabwehr, muss wie eine Wand zwischen Ihnen und dem Kunden stehen.

Zur inexistenten Befriedigung (S)

Es ist passiert, es wurde gekauft! Leisten Sie nicht und liefern Sie nichts aus, dann könnten Schadenersatzklagen Sie vor Umsatz bewahren! Kassieren Sie nicht, denn wo nicht kassiert wird, gibt es auch keine Umsätze. Zarteren Charakteren bietet sich an, fehlerhaft zu liefern oder völlig falsche Leistungen zu erbringen. Sollten Sie keinen Ausweg mehr sehen, ignorieren Sie alle bisher erfolgten Gespräche mit dem Kunden und schieben Sie Ihre Sekretärin vor. Finden Sie jemanden, der sämtliche relevanten Unterlagen beseitigt und notfalls auch getätigte Zahlungen vernichtet.

Die folgenden Anleitungen beschäftigen sich mit der Endkundenabwehr wie beispielsweise im Einzelhandel und der Geschäftskundenabwehr bei Industrie- und Gewerbevertrieb. Diese Bereiche benötigen unterschiedliche Ansätze, da die potenziellen Kunden gänzlich unterschiedliche Vorbildung aufweisen. Während der Kunde im Einzelhandel meist weniger informiert ist als der Verkäufer, ist der Industriekunde fachlich zumeist auf einer Stufe mit dem Vertriebsmitarbeiter.

Anleitung zur Endkundenabwehr

Im Konsumbereich gilt es, das Zusammentreffen zwischen Kunden und den Verkäufern im Verkaufsraum zu steuern. Hier geht es um katastrophale Verkaufsdienstleistung am „Point of Sale". Dieser Abschnitt verlangt von Ihnen als Leser und Lernender besondere geistige Wendigkeit: Versetzen Sie sich übungsweise im Rahmen dieser Anleitung in die Position eines Verkäufers und lernen Sie die Kundenvergraulung „von Grund auf".

Niemals dürfen Sie vergessen, dass der sicherste Weg zum Nullumsatz über Sie selbst als Verkäufer führt. Betrachten Sie jeden Kunden als Störfaktor und bleiben Sie nachhaltig in Erinnerung.

Der folgende Leitfaden ermöglicht Ihnen, auch in kritischen Situationen „bei der Sache" zu bleiben und den Nullumsatz weiterhin zu verfolgen und zu fördern. Seien Sie unfreundlich zu Ihren Kunden, verschanzen Sie sich hinter Unzuständigkeiten und machen Sie mit Ihrem Auftreten klar, wer hier wen beim „Desastern" stört.

Zur Unfreundlichkeit

Sehen Sie Freundlichkeit als eine gefährliche Gemütsverwirrung. Schließlich ist der Kunde ja zu Ihnen gekommen, nicht umgekehrt. Machen wir uns nichts vor, ohne Sie als Verkäufer geht es nicht. Wer will also was von wem? Es gilt folgerichtig, den Kunden „nach Strich und Faden" vorzuführen. Wofür sollte man noch freundlich sein, wenn man so offensichtlich gebraucht wird? Spielen Sie diese Macht aus! Es ist ein herrliches Gefühl, eigenes Unwohlsein an jemand anderem auslassen zu können. Halten Sie sich nicht zurück, Ihre seelische Gesundheit braucht dieses Ventil.

Endkunden eignen sich ob ihrer fachlichen Unbedarftheit optimal als Opfer für besondere Behandlungen. Erfinden Sie Produktvorteile, Sonderkonditionen und Spezialrabatte, sagen Sie diese kurzfristig wieder ab und sonnen Sie sich im steigenden Unmut des Kunden. Wann kann man sonst nach Herzenslust andere an der Nase herumführen? Vervierfachen Sie den Preis, um in scheinbar zähen Verhandlungen 40 Prozent Reduktion zu gewähren. Beschimpfen Sie die Kunden und machen Sie ihnen klar, dass sie keine Ahnung haben, wovon Sie reden. Lachen Sie die Kunden gemeinsam mit Ihren Kollegen aus. Dabei sollten Sie darauf achten, dass der Kunde die „Frotzelei" auch merkt, das verdoppelt Ihren Spaßfaktor. Herrliche Erlebnisse gewähren Preisdiskussionen, die der Kunde nicht überblickt, da Sie ihm mehr Varianten aufzählen, als er begreifen kann. Wenn er dann nicht mehr weiterweiß, offenbaren Sie ihm, dass es unter Ihrer Würde ist, sich mit einem Ahnungslosen wie ihm abzugeben.

Setzen Sie auf Frustration durch vermeintliches Unverständnis. Lassen Sie den Kunden mehrere Male erklären, was er sucht, und erwecken Sie dabei den Eindruck, dass Sie keine Ahnung haben, wovon die Rede ist.

Sollte Ihnen ein Paar als „Kundenduo" gegenüberstehen, so lassen Sie einen immer schlecht aussehen und wenden Sie sich der anderen Person zu. Das ist *„divide et impera"* in einer völlig neuen Konstellation. Wenn Ihnen langweilig wird, fangen Sie an, mit den Kunden zu schreien und diese wüst zu beschimpfen. Geben Sie etwas vom Druck weiter, den Sie täglich verspüren. Stoßen Sie wilde Drohungen aus, und gestikulieren Sie höchst erregt und unterstützt durch wüstes Schnauben. Ein Kurzauftritt als Neandertaler sichert den Nullumsatz wie kaum eine andere Maßnahme.

Sollten Sie sich außerstande sehen, diese Auftritte glaubwürdig durchzuführen, empfehle ich ein Ausweichen auf höflichere Formen wie Unzuständigkeit oder passiv abweisendes Auftreten.

Zur Unzuständigkeit

„Herr Ober, können Sie mir bitte sagen, wie spät es ist?" – „Tut mir leid der Herr, aber diesen Tisch bediene ich nicht!"

Es gilt: Zuständigkeiten sind für Sie unzutreffend. Es gibt selten schönere Momente im Leben eines „Nullumsatz-Verkäufers" als diejenigen, in denen man voll Inbrunst behaupten kann, für eine bestimmte Fragestellung oder ein Produkt leider nicht zuständig zu sein. Lassen Sie den Fragenden einfach mit einem Achselzucken zurück oder verweisen Sie ihn am besten an die Konkurrenz. Er wird schon einen anderen Verkäufer finden, der seine Zeit mit ihm verschwenden will. Unzuständigkeit ist der eleganteste Schutz vor Belästigungen aller Art. Wer nicht zuständig ist, kann auch nicht verantwortlich sein. Wer nicht verantwortlich ist, hat ein unbeschwertes Leben.

Größter Vorteil dieser Herangehensweise ist die Täuschung des Kunden über die wahren Motive des eigenen Handelns. Als Unzuständiger würde man ja so unendlich gerne etwas für den Kunden tun, jedoch die Regelungen über die Zuständigkeit untersagen es. Man behält dem Kunden gegenüber eine „supersaubere Weste", während man sich innerlich darüber schieflacht, wie leicht die Menschen doch zu täuschen sind.

Zum Auftreten

Nimm mich jetzt
Auch wenn ich stinke
Denn sonst sag' ich winke winke
Und goodbye
(Die Doofen, Mief!)

Verzichten Sie auf Körperpflege und ziehen Sie sich fürchterlich an! Sehen Sie ein gepflegtes Auftreten und sauberes Äußeres als das, was es wirklich ist: Warmwasserverschwendung. Stinkt der

Verkäufer, so „stinkt" auch das Produkt, der Nullumsatz kann kommen. Nichts ist authentischer als intensiver Körpergeruch. Wer so hart am Nullumsatz arbeitet wie Sie, darf auch danach riechen. Sie arbeiten im Verkauf und nicht als Duschgel-Tester. Begleitend dazu empfiehlt sich kontinuierliches Rauchen oder die Einnahme hochprozentiger Spirituosen.

Erst die Verschmelzung des Eigenduftes mit kaltem Rauch in der Bekleidung verleiht Ihrem Auftritt die richtige „Würze". Einschlägige Experten arbeiten zusätzlich mit kosmetischen Düften als „Trockendusche". Mehrmalige Anwendung erzeugt in Summe ein Gemisch, das Ihre Präsenz im Raum für alle Anwesenden spürbar macht.

Eigenes aktives Ansprechen des Kunden ist eine Aufdringlichkeit sondergleichen. Wer etwas von Ihnen will, wird Sie schon finden. Grüßen Sie keinesfalls, denn dieses Verhalten provoziert geradezu ein Gespräch. Betrachten Sie bei Herannahen eines Kunden die Verfugung der Bodenfliesen oder den eleganten Knoten in Ihren Schuhbändern. Das Unheil in Form eines Kunden wird schon an Ihnen vorüberziehen, keine Sorge. Sollte diese Methode nicht zum gewünschten Nullumsatz führen, entfernen Sie sich schnellstmöglich. Sie haben dringende Termine oder gehen in die wohlverdiente Pause, da sei leider nichts zu machen.

Anleitung zur Geschäftskundenabwehr

Hier kommt für Sie ein zielgerichteter Leitfaden, um im Vertrieb mit Geschäftskunden schnellstmöglich und nachhaltig zum fulminanten Misserfolg zu kommen. Dieser Kundentypus zeichnet sich durch besondere Zähigkeit in den Verhandlungen aus. Gesteigerte Wichtigkeit fällt demnach den Vertriebsmitarbeitern zu. Hier gilt es anzusetzen! Der Vertriebsmitarbeiter ist Ihr Gesicht beim Kunden – dieses sollte schrecklich und angsteinflößend sein. Aber auch am Grundsätzlichen soll gefeilt werden, an Einstellungen und Sichtweisen, weshalb grundsätzliche Überlegungen über die Natur und Wichtigkeit des Geschäftskundenvertriebes vorab besprochen werden.

Zum Vertrieb an sich

Zur schnellstmöglichen Erreichung des Vertriebsdesasters empfiehlt sich folgende Einstellung: Sie verzichten auf jegliche Vertriebsaktivitäten! Bedenken Sie jedoch, dass dieser Desastertypus genau genommen nur als Notlösung oder als Fleißaufgabe infrage kommt. Vertriebsdesaster sind nur für solche Unternehmen notwendig, deren Produkte nicht abschreckend genug sind. Lediglich die im *Betriebsdesaster* Ungeübten bedürfen dieser Krücke. Im Bestfall benötigt Ihr Produkt gar keinen katastrophalen Verkauf, um es zum Ladenhüter zu machen. Es verschimmelt ganz von selbst im Lager. Betrachten Sie den Vertrieb mit der Einlagerung als begonnen und beendet!

Sofern tatsächlich jemand Interesse an Ihren Produkten zeigt, gehen Sie bitte folgendermaßen vor: Konzentrieren Sie die Vertriebstätigkeit auf die Unterschrift des Kunden – „Rechts unten, der

Herr, wenn es sich nicht vermeiden lässt!" - so und nicht anders wird abgewehrt.

Haben Sie Mut zur Ignoranz, der Kunde wird es Ihnen danken. Vergessen Sie die Irrlichter des „After Sales Service" und hüten Sie sich, nach dem Verkauf nochmals Kontakt mit dem Kunden aufzunehmen. Er könnte Sie mit Fragen, Anregungen, Hinweisen, Verbesserungsvorschlägen oder Nachbestellungen belästigen. Der Kunde ist nämlich ein heikler Spezialfall.

Zum Kunden

Der Kunde ist ein ahnungsloser Unwürdiger mit Unmengen an Geld, das er ausgeben möchte - wahrlich, eine schlimme Vorstellung. Halten Sie sich von diesen Leuten fern! Sie sind dumm und verstehen nichts von den Besonderheiten Ihrer Strategie des Untergangs.

Kunden wissen nicht, was sie brauchen, und können die Leistungen Ihres Unternehmens somit auch nicht beurteilen. Daher ist der Kunde auch unwürdig, selbst Ihr übelstes Produkt zu erhalten, wäre er nicht Teil des Spiels und ein grandioses Versuchsobjekt. Das *Betriebsdesaster* ohne Kundenabwehr wäre wie ein Schachspiel ohne den König. In solchen Situationen ist guter Rat teuer! Was soll man tun? Wie soll man je aus dieser Zwickmühle herauskommen? Man fühlt sich zu Recht als Zerrissener! Die Lösung: Da man sich mit Unwürdigen im Optimalfall nicht abgibt, lässt man sie links liegen und überträgt Vertriebsaufgaben am besten dem Vertriebsmitarbeiter.

Zur Bewirtung

Auf keinen Fall sollten Sie den Sie besuchenden Kunden etwas aufwarten. Ihre Kunden sind Selbstversorger und das bleiben sie auch, bis diese Ihre Firma wieder verlassen.

Getränke und Häppchen könnten beim Besuch positiv aufgenommen und als Freundlichkeit interpretiert werden. Hier entsteht sofortige Umsatzgefahr! Stellen Sie den Leuten ein Glas Wasser hin, mehr kann man von Ihnen nicht verlangen. Sind Sie Chef Ihrer Firma oder Chefkellner? Eben! Weisen Sie großzügig auf die Möglichkeit hin, beim Automaten Cola und Chips erwerben zu können. Wenn sich der Besuch ordentlich benimmt, darf er auch ein wenig mit Ihnen mitrauchen, aktiv – passiv, wen kümmert das schon. Sie sind eben Raucher, und mit dem Ihnen anerzogenen Einfühlungsvermögen ist es perfekt in Einklang zu bringen, dass Sie nicht nur Ihre eigene Gesundheit vernichten, sondern auch die Ihres Gegenübers. Sollten Sie noch immer Nichtraucher sein, böte sich hiermit eine gute Gelegenheit, mit dem Qualmen anzufangen.

Kümmern Sie sich keinesfalls um die Bedürfnisse Ihrer Gäste, denn diese wären dadurch geneigt, länger zu bleiben als vorgesehen. Die potenziellen Kunden sind nun in der Höhle des Löwen gelandet, und das sollen sie auch merken. Sparen Sie an allem, was nicht lebensnotwendig ist, und führen Sie vor, wie sorgsam Sie mit den Ressourcen umgehen können. Eine Möglichkeit, diesen Eindruck zu verstärken, haben Sie, wenn Sie für sich selber beim Gespräch alles so herrichten, dass Sie die Beine auf den Tisch legen können, bequem im gepolsterten Chefsessel sitzen, und die anderen auf harten Bürostühlen Platz nehmen lassen.

Zum Vertriebsmitarbeiter

Das Unangenehme am Vertriebsmitarbeiter ist der Umstand, dass er jederzeit etwas verkaufen könnte. Sie erkennen sofort, es gilt, ein ernstes Problem zu lösen. Doch es gibt einen Weg!

Kaum eine Maßnahme erzeugt Vertriebsdesaster effektiver als sparen, sparen, sparen am Mitarbeiter. Das Gesparte können Sie für Ihre neue Limousine ausgeben, denken Sie an ein Wort: Es fängt mit „Vollleder“ an und hört mit „Innenausstattung“ auf!

Wofür werden Mitarbeiter im Außendienst in Wirklichkeit von Ihnen bezahlt? Diese Frage im richtigen Moment gestellt, erschüttert immer wieder das Selbstvertrauen der in ausgesuchten international bekannten Gourmettempeln dinierenden Bonusmeilensammler, besser bekannt als Ihre Vertriebsmitarbeiter im Außendienst. Diese sind Kosten erzeugende Firmentouristen auf großer Fahrt in sonnige Gefilde. Vertriebsmitarbeiter haben pausenlos gescholten zu werden und sind ihr Gehalt und die Provisionen niemals wert. Halten Sie diese daher an der kurzen Leine, sparen Sie vor allem bei den Reisespesen, bei Übernachtungen, Diäten und Fortbewegungsmitteln.

Stellen Sie sicher, dass Ihr Mitarbeiter fern der Heimat das Gefühl hat, wenig wert und beliebig austauschbar zu sein. Sagen Sie ihm, dass diesen Job jederzeit ein anderer machen könnte. Vergessen Sie Dank und Anerkennung, er bekommt ohnehin zu viel bezahlt für Vergnügungsreisen in die Industriezonen der Vorstädte und Hotels mit Ausblick auf die Autobahn.

Ein solcherart elegant frustrierter Mitarbeiter wird schon aus Prinzip Geschäftskunden abwehren, bis er nicht mehr kann. Und so wollen wir ihn auch haben.

Zur Qualifikation

Sehen Sie die sorgfältige Auswahl und Schulung der Vertriebsmitarbeiter als reine Zeitverschwendung. Auch Sympathie ist im Geschäftsleben fehl am Platze.

Wichtig ist pöbelhaftes und unbeholfenes Auftreten ab dem ersten Moment, beispielsweise im Rahmen einer Produktpräsentation. Achten Sie darauf, dass Fremdsprachenkenntnisse nur den „Urlaubsradius“ Ihres Mitarbeiters vergrößern. Auch ohne Rhetorikausbildung ist jeder in der Lage, schlecht übersetzte, 68 Seiten lange Präsentationen einem „ahnungslosen Unwürdigen“ vorzulesen.

Verzichten Sie auf Vertriebsschulungen, nutzen Sie diese Einsparungspotenziale wiederum für Ihre Limousine.

Im Bestfall ergreifen Sie selbst die Initiative! Tragen Sie vor versammelter Mannschaft des Kunden gänzlich allgemeine Themen vor und hoffen Sie darauf, dass alle gemeinsam die Flucht ergreifen, wenn sie stundenlangen Vorträgen lauschen dürfen, die in erbarmungswürdigem Englisch abgehalten werden. Wenn sich aber die Teilnehmer nach 20 Minuten geistig noch nicht verabschiedet haben, waren sie entweder geistig nie da oder sind Härteres gewohnt.

Merken Sie sich, dass jeder am Nullumsatz arbeiten kann. Selbst zurückgezogene, menschenscheue Mitarbeiter sollten hier ihre Chance bekommen. Das *Betriebsdesaster* wird hierbei zum Betätigungsfeld für alle.

Das Prozessdesaster

Einführung

Will man ein Unternehmen gänzlich pulverisieren und in den Abgrund führen, muss man sich auch Gedanken darüber machen, wie man Innovationen stoppen kann, insgesamt schlechter wird und laufenden Prozessen Einhalt gebietet.

Wenn Sie annehmen, das Prozessdesaster stelle sich von alleine ein, so haben Sie sich grundlegend getäuscht. Die „Prozesse in den Abgrund" wollen systematisch aufbereitet werden und bedürfen der besonderen Zuwendung des Managements. Die Verschlechterung will gelebt sein. Mit jeder Faser des Betriebskörpers muss nach dem Absturz der Prozesse getrachtet werden! Geben Sie einem Neustart keine Chance!

Unterschätzen Sie in diesem Zusammenhang keinesfalls die positive Innovationskraft Ihrer Mitarbeiter. Wecken Sie deren Zerstörungswut, wiegeln Sie Ihre Mitarbeiter sowohl gegeneinander als auch gegen das Unternehmen auf. Nur so können Sie sicherstellen, dass dem *Betriebsdesaster* Genüge getan wird.

Die Prozesse müssen aufgelöst werden! Dies geschieht durch Kombination dreier Methoden. Konzentrieren Sie sich erstens auf die laufende Verschlechterung des Ist-Zustandes, zweitens sollten Sie nach Problemen suchen wie ein Trüffelschwein nach seinem Lieblingspilz, und drittens empfiehlt es sich, so viel auszulagern wie nur möglich, damit auch andere sich am süßen Nektar des Desasters laben können.

Anleitung zum kontinuierlichen Katastrophenprozess (KKP)

Die Japaner wissen, wie man besser wird. Das gilt selbstverständlich auch für das *Betriebsdesaster*. Werden Sie kontinuierlich schlechter, bis Sie am Bodensatz der Leistungsmöglichkeit angekommen sind. Stillstand wäre hierbei zu wenig, seien Sie proaktiv und finden Sie das Kliff, das hoch genug für einen betrieblichen Absprung ist.

Es reicht nicht, innovative Ideen der Mitarbeiter „einzukassieren" und zu „schubladisieren". Das können Sie ohne *Betriebsdesaster* auch machen. Es reicht weiters nicht, sämtliche Vorschläge so lange umzugestalten, bis am Ende vom Vorschlag nichts mehr übrig bleibt. Schlussendlich reicht es auch nicht, kein betriebliches Vorschlagswesen einzusetzen. Die natürliche Faulheit Ihrer Mitarbeiter treibt diese an, sich eigenständig Gedanken zur Verbesserung zu machen, wovon große Gefährdung des Desasters ausgeht.

Der revolutionäre Ansatz des Desasters gebietet die Hinwendung zu einer managementgetriebenen Abwärtsspirale. Das betriebliche Vorschlagswesen wird zur Brutstätte des Niedergangs - und Sie sitzen am Steuer.

Zum aktuellen Stand

Verbieten Sie ab sofort Vorschläge zur Verbesserung. Sollte das nicht funktionieren, lassen Sie alle Eingaben an eine zentrale Stelle leiten und vernichten Sie diese daraufhin in Bausch und Bogen. Ab sofort zählen nur noch Ihre eigenen Ideen, und wohin die führen sollen, ist Ihnen mittlerweile hoffentlich klar geworden.

Richten Sie eine Koordinationsstelle ein und schaffen Sie zusätzlich etwas Verwaltungsaufwand. Einziges Ziel ist, die aktuellen Verbesserungsprozesse zum Einschlafen zu bringen.

Zum Kurswechsel

Schaffen Sie die Umkehr zum neuen System durch großzügige Belohnung der Identifizierung katastrophaler Zustände mittels eines Prämiensystems. Gestalten Sie das System derart wirr und konfus, dass niemand jemals etwas erhalten wird, aber machen Sie jedem klar, dass hohe Belohnungen ausgelobt sind. Die Aussicht auf Geld hat noch immer als Motor funktioniert. Erfreuen Sie sich an der Naivität derer, die glauben, es käme zu Auszahlungen oder sonstigen finanziellen Vorteilen.

Sammeln Sie Beschwerden darüber, was im Betrieb alles schlecht läuft, und geben Sie so Ihren Mitarbeitern die Möglichkeit, bestehende Desasterquellen zu identifizieren. Setzen Sie in der Folge genau dort an! Beobachten und ignorieren Sie zukünftig die Ihnen angezeigten Bereiche und lassen Sie der Entwicklung freien Lauf. Was kann schöner sein als ein unberührt und natürlich wachsendes Desaster? Wem das zu langsam geht, der darf selbstverständlich „nachhelfen".

Geschätzter Leser, das ist der wahre Kern der Katastrophe. Konzentrieren Sie sich auf Themengebiete, die derzeit bereits übel laufen, und machen Sie die Situation noch schlimmer! Arbeiten Sie am Untergang in kleinen Schritten und werden Sie immer schneller in der Ausführung. Geübte Desastermanager schaffen es sogar, mehrere Katastrophen gleichzeitig zu steuern. Um diese hohe Kunst kontinuierlich zu beherrschen, bedarf es allerdings einiger Übung und auch einer nicht überall zu findenden Hemmungslosigkeit. Wenn auch Sie Freude am Untergang haben, ist der Kurswechsel für Sie wahrscheinlich eine „natürliche" Übung. Bauen Sie gleichgesinnte Mitarbeiter in den Prozess ein und scheuen Sie sich nicht, externe Hilfe anzufordern, sofern die Aufgaben für Ihre Truppe zu groß werden.

Zur Fahrt in den Abgrund

Haben Sie erst einmal die Trendumkehr geschafft und eine Wende zum Schlechten eingeleitet, kann es nur noch bergab gehen. Lassen Sie sich von Zwischenrufen nicht beirren, denn Sie wissen schließlich, was Sie tun.

Fahrten in den Abgrund dauern manchmal länger als geplant. Heben Sie sich noch etwas Energie auf, um nicht mitten im Absturz hängen zu bleiben. Das Beste sind immer noch unter Vollgas erzielte Unternehmenskatastrophen. Vermindern Sie daher keinesfalls die Geschwindigkeit der Umsetzung. Bleiben Sie bei konstanter KKP-Geschwindigkeit oder versuchen Sie, durch geschickte Maßnahmen noch schneller zu werden. Voran, voran, den Mutigen gehört die Welt!

Wenn Sie den Untergang beschleunigen wollen, helfen regelmäßige Problemworkshops mit Verzweiflungsgarantie. Auch im Bereich der Prozessverschlechterung sollen die Mitarbeiter etwas davon merken, was hier soeben im Gange ist. Spüren Sie, wie das *Betriebsdesaster* um sich greift und mächtig wird.

Anleitung zur Problemorientierung

Die geistige Hinwendung zu Hindernissen bedeutet Schwarzsehen in allen Wirtschaftslagen.

Zu Problemen ohne Lösung

Lösungsorientierte Mitarbeiter sind Ignoranten, das ist und bleibt ein Faktum. Wer kann behaupten, dass ein Projekt Aussicht auf Erfolg haben wird, wenn man sich nicht vorher intensiv mit allen möglichen Problemen - vorzugsweise Randbereichen - auseinandergesetzt hat. Diese Probleme sind zahlreich und vermehren sich exponentiell, je intensiver man danach sucht - ein idealer Zustand für das *Betriebsdesaster*.

Wehe denen, die Lösungen erarbeiten. Haben diese denn nicht verstanden, dass das erste Gebot in Ihrem Unternehmen „Du sollst dich nicht bei einem Fehler erwischen lassen" lautet? Hier braucht es „Problem-(Er-)Finder" und keine „Problem-Löser". Letztere würden als Verräter am System die notwendigen ausufernden Problemanalysen und stundenlangen „Verzweiflungsworkshops" verhindern.

Zur gemeinsamen Verzweiflung

Sehen Sie Verzweiflungsworkshops als das, was sie wirklich sind: eindrucksvolle Schauspiele kollektiver Ratlosigkeit. Erst wenn jeder erkannt hat, dass Sie als Problem-(Er-)Finder imstande sind, in kürzester Zeit auf alle Lösungen ein weiteres Problem zu formulieren, nähert sich das Team dem erhofften Stillstand. Teilen Sie Ihre Erkenntnisse auch den Kunden mit und gewährleisten Sie dadurch, dass Ihr Unternehmen nicht mehr mit Anfragen belästigt wird. Schließlich gibt es weitaus mehr Bereiche, die Sie für die Kunden nicht abdecken können, als Fragestellungen, bei denen Sie imstande sind, konstruktive Beiträge zu leisten. Suhlen Sie sich in der Ungewissheit und verbreiten Sie Ernüchterung und Mutlosigkeit, denn „so einfach, wie sich das alle vorstellen, wird es nicht werden".

Zum Stehenbleiben

Ist nicht die Produktentwicklung ein ewiger Prozess? Welche Entwicklung ist schon jemals wirklich abgeschlossen? Wo könnte man nicht noch Umstellungen und Veränderungen vornehmen? Sehr beliebt ist auch der völlige Neustart eines Projektes, der nach Ihrer Problemanalyse zur sofortigen Einstellung führt.

Wecken Sie Erwartungen, um diese sogleich vor versammelter Mannschaft in der Luft zu zerreißen. Diese Start-Stopp-Strategie hat den Vorteil, dass keine Entwicklung „auf den Boden" kommt. Man spart sich so Vertriebsaufgaben und den lästigen Kontakt zu Kunden. Erfrischende Erlebnisse garantieren ausdrückliche Hinweise darauf, dass man ein beliebiges, von Ihnen vorher ausgewähltes Thema im Betrieb bereits seit Jahren auf eine bestimmte Weise bearbeite und eine Änderung von Prozessen daher höchst unerwünscht sei.

Zum Zweifel an sich

Es gilt, durch „konstruktives Zweifeln" jede nachhaltige Entwicklung zu bremsen. Ein Schelm, wer Böses dabei denkt. Spezialisieren Sie sich auf „Was wäre, wenn ...?"-Fragen. Das Gute daran ist, dass im Rahmen dieses Fragemusters dem „Problemsucher" keine Grenzen gesetzt sind.

Lassen Sie Ihrer Phantasie freien Lauf und erfinden Sie Probleme, Hürden, Hindernisse und „Herausforderungen“ nach Belieben. Erfreuen Sie sich an den zum Scheitern verurteilten Versuchen der anderen, es Ihnen recht zu machen, indem Sie der Zuhörerschaft einfach eine neue „Was wäre, wenn …?“-Frage mit leicht abgewandeltem Inhalt präsentieren. Genießen Sie die sich breitmachende Verunsicherung. Finden Sie als Warner und Problemsucher das Haar in der Suppe.

Sie werden sich leichter tun, wenn Sie nicht alles dem eigenen Betrieb aufbürden, sondern einen Teil der Desasterverantwortung auf anderen Schultern ruhen lassen. Lagern Sie Probleme aus! Die nächste Anleitung überzeugt durch den Weitblick und die Einfachheit des Ansatzes – ein Desaster-Gustostückerl!

Anleitung zum Auslagerungsdebakel

Die Auslagerung von Prozessschritten in Billiglohnländer ist der Traum des *Betriebsdesasters*. Der Zusammenbruch der Wertschöpfungskette im Unternehmen ist ein Garant für die Implosion des Betriebes. Nehmen Sie daher keine internationalen Kräfte auf (Provinzialisierung), sondern lagern Sie an möglichst unfähige Befehlsempfänger aus!

Zu den Vorzügen

Sehen Sie die Beschäftigung einheimischer Arbeitskräfte als das, was sie wirklich ist: die Verschleuderung Ihrer Finanzen für Lohnnebenkosten und weitere Abgaben aller Art. Zum Desaster können Ihnen auch ausgelagerte Kräfte verhelfen, und Sie sparen dabei Geld, das Sie woanders noch eleganter verpulvern können. Denken Sie an den Sportwagen! Ein *Betriebsdesaster* kostet nicht wenig, verbrauchen Sie deshalb nicht alles für Ihre Mitarbeiter.

Machen Sie Ihren Mitarbeitern klar, dass die Lohn- und Lohnnebenkosten die einzig relevanten Messgrößen im Controlling eines Desasters sind. Freuen Sie sich über den durch die Auslagerung notwendigen logistischen Aufwand und die dadurch entstehenden Fehlerquoten. Genießen Sie Einschulungszeiten und Stillstände. Baden Sie in Verständigungsschwierigkeiten und unterschiedlichen kulturellen Hintergründen. Es zählt eben nicht nur die Komponente „Lohnkosten“. Wer das nicht begriffen hat, weiß nichts um die Vorzüge von Billigarbeitskräften im Osten.

Zu den Ausländern

Freuen Sie sich auf turbulente und chaotische Gespräche im Zuge der Mitarbeiterauswahl am neuen Standort. Dies ist insbesondere bei Begegnungen zu erwarten, die in niemandes Muttersprache (beispielsweise in Englisch) geführt werden. Das wird ein Triumph der artistischen Körpersprache, gepaart mit Missverständnissen aller Art. Am Ende weiß keiner mehr, worum es ging, aber es war lustig. Warum soll ein *Betriebsdesaster* nicht auch einmal Spaß bereiten können?

Selbstverständlich wissen auch Sie, dass es unmöglich ist, bereits beim Einstellungsgespräch in Erfahrung zu bringen, wie es um die Arbeitsmoral des Kandidaten bestellt ist, und ob er sich für Ihr persönliches Desaster eignet. Achten Sie daher lediglich auf das Vorhandensein von Sprachkenntnissen. Am besten wäre, wenn er außer der Beherrschung sowohl seiner eigenen als auch Ihrer Muttersprache überhaupt nichts mehr vorzuweisen hätte. Das macht diesen zweisprachigen Ahnungslosen zum Top-Kandidaten für Führungsaufgaben. Er kann jedenfalls Ihre Befehle befolgen und weitergeben.

Darüber hinausgehende Qualifikationen sind ohnehin nicht erwünscht. Vertrauen Sie deshalb darauf, dass die Kommunikationsstärksten auch die Desaster-Geeignetsten sind. Ein solcher Kandidat ist unabhängig von seiner sonstigen Qualifikation umgehend einzustellen.

Vergessen Sie kulturelle Unterschiede, wir leben in einer globalisierten Welt! Halten Sie sklavisch daran fest, dass alle Menschen gleich sind. Mitarbeiter eines ausländischen Standortes sind wie Inländer, nur eben billiger. Für ein klassisches Desaster sind diese auch gleich wie Einheimische zu managen, nur eben woanders. Sie sind gleichsam billige Inländer im Ausland. Denken Sie an die Deckungsbeiträge und freuen Sie sich auf den Absturz.

Zur Vorbildung

Übersehen Sie die Unterschiede in Arbeitsmoral und -einstellung. Ob jemand in seiner Kindheit und Jugend durch kommunistische oder marktwirtschaftliche Systeme geprägt wurde, ist für Sie ab sofort schlichtweg uninteressant. Die Frage, ob Erlebnisse aus der Jugend einen Einfluss auf das Verhalten im Erwachsenenalter haben, stellt sich Ihnen nicht. Selbst wenn es so wäre, könnten Sie jedem Ihre über Jahre entwickelte Unternehmenskultur binnen Wochen so eindrucksvoll vermitteln, dass kein Zweifel über die totale Identifikation mit den desaströsen Wertvorstellungen Ihrer Firma aufkommen kann.

Zur Kultur

Treten Sie als absolut regierender Herrscher auf und machen Sie klar: Ihre Unternehmenskultur des Untergangs ist sicherlich allen anderen Ansätzen überlegen. Wäre dem nicht so, würden nicht Sie Ihr Fiasko ins Ausland verlagern, sondern es wäre umgekehrt. Machen Sie die Überlegenheit Ihres Systems dem neuen Standort umgehend klar. Sparen Sie nicht mit Eigenlob und Preisungen des von Ihnen gewählten Ansatzes. Die neuen Mitarbeiter werden ganz sicher entzückt sein, nach dem Dunkel ihrer bisherigen Unwissenheit endlich die Vorzüge Ihrer Katastrophen kennenlernen zu dürfen.

All diese neuen Mitarbeiter werden dann so tun, als ob Weihnachten mit Ostern zusammenfiele. Bereiten Sie sich auf den Freudentaumel vor, wenn Sie als Überbringer einer frohen Wirtschaftsbotschaft gefeiert werden. Friede und Freude, wohin das Auge blickt. Freunden Sie sich mit dem Gedanken an, alles ins Ausland zu verlagern, an einen Ort, an dem keiner Ihre Sprache spricht, alles gut und nichts fehlerhaft ist. Eine perfekte neue Desasterwelt.

Anleitung zum Kooperationsinferno

Das Thema „Zusammenarbeit im Unternehmen" lässt sich auch für das Prozessdesaster nutzen. Sobald zwei oder mehrere Menschen gemeinsam arbeiten müssen, kann das Kooperationsinferno entscheidend dazu beitragen, dass die Situation eskaliert. Für den Manager eines *Betriebsdesaster*s ist die Situation deshalb interessant, weil man hierbei gleichzeitig auf mehrere Mitarbeiter einwirken kann und Multiplikatoreffekte erzielt werden.

Zum Dreieck des Grauens

Bestehen Sie darauf, dass sämtliche gemeinschaftlichen Tätigkeiten der Mitarbeiter „über Ihren Tisch" gehen müssen. Als Führungskraft können Sie es nicht zulassen, dass Ihre Leute auf direktem Wege kommunizieren. Überwachen Sie ausnahmslos alle Versuche einer Zusammenarbeit und machen Sie jeden weiteren Schritt von Ihrem O. K. abhängig, ohne welches nichts mehr passieren darf.

Im „Dreieck des Grauens" stehen Sie an der Spitze und überwachen sämtliche Vorgänge. Ein direkter Austausch der zwei anderen Punkte im Dreieck darf nicht passieren. Im Organigramm kennzeichnen Sie dies mit einer gestrichelten oder strichpunktierten roten Linie. Will also ein Mitarbeiter dem anderen etwas mitteilen, so muss er vorher Sie als seine Führungskraft kontaktieren.

Diese gefinkelte Konstruktion zur Verlangsamung der Abläufe lässt sich allerdings auch in einer weiteren Variante nutzen. Das allseits beliebte „Wegdelegieren" öffnet dem Desaster Tür und Tor. Bestimmen Sie, dass die Mitarbeiter in Angelegenheiten, die Sie als Führungskraft betreffen, niemals bei Ihnen direkt vorsprechen können. Verlangen Sie, dass das Thema zuvor mit zumindest einem anderen diskutiert werden muss, bevor es zu Ihnen gelangen darf.

Es gilt daher folgende Faustregel: Im Dreieck des Grauens darf niemand mit seinen Anliegen direkt an die Person, die es betrifft, herantreten. Vielmehr ist gefordert, dass man einen Umweg über einen oder mehrere andere nimmt, um möglichst viel Zeit verstreichen zu lassen, bis es zu einer Lösung kommt. Im Zuge dieser „Lösung ums Eck" gilt es, denkbar viele Personen einzubinden, selbst wenn diese mit der Materie überhaupt nicht betraut sind. Meinungen müssen eingeholt und behutsam evaluiert werden. Hier eröffnen sich Möglichkeiten für den totalen Prozessstillstand. Erfahrene Desastermanager wissen um die Macht dieses Werkzeugs und machen das Dreieck des Grauens zum zentralen Element der Unternehmensabläufe.

Sollten Sie im Zuge der Implementierung mit den Ergebnissen dieser Strategie der Umwege nicht zufrieden sein, hilft womöglich die Anforderung der Schriftlichkeit.

Zur Schriftlichkeit

Sie brauchen alles schriftlich, und wenn Sie „alles" sagen, dann meinen Sie „alles". Reden Sie mit niemandem mehr, sondern schreiben Sie nur noch. Genießen Sie die neuen Möglichkeiten für Missverständnisse und die vielfachen Nachrichten, die zu deren Ausräumung benötigt werden.

Nirgends lässt sich dermaßen elegant Zeit vertrödeln wie mit elektronischer Post zur Klärung von Sachverhalten, die im Telefonat oder im persönlichen Gespräch nur Sekunden gebraucht hätte. Lassen Sie innerhalb des Unternehmens „Chinesische Mauern" entstehen, die lediglich schriftlich überwunden werden dürfen. Verwenden Sie Ihren Mund ab sofort ausschließlich zur Nahrungsaufnahme und verschließen Sie Ihre Ohren.

Ein weiterer Vorteil dieser Vorgehensweise ist das Ansammeln von Unmengen an Papier. Sollten Sie keine Mikrofilme anfertigen lassen wollen, so können Sie sich auf Ordner voller Dokumente freuen, deren Verstauung zur Verstaubung wird. Die Schriftlichkeit im *Betriebsdesaster* ist wie ein formschöner Betonklotz am Bein des Unternehmens.

Zum Strudel in den Abgrund

Löblicherweise passieren im Unternehmen auch von selbst Fehler. Diesen Umstand gilt es zu nutzen. Merken Sie sich jeden Fehler Ihres Kooperationsfeindes und erwidern Sie diese Einladung zum Inferno durch eine „Retourkutsche" von noch größerem Ausmaß, in etwa dem zweifachen.

Sie werden umgehend erkennen, welche Desasterqualität Ihr Gegenüber vorweisen kann. Kongeniale Feinde lassen nichts auf sich sitzen, sondern melden sich ehestmöglich mit einer weiteren, ungleich größeren Attacke. Dieses Spiel zwischen Ihnen und Ihrem Widerpart kann sich so im Laufe der Zeit aufschaukeln, bis es ein Vielfaches des ersten Fehlers ausmacht. Diese Entwicklung nennt man in Fachkreisen „Strudel in den Abgrund", da die einhergehenden Probleme exponentiell ansteigen und die Leistungskurve der Beteiligten sich einer Vertikale annähert.

Auch dieses herrliche Instrument lässt sich durch einen Kunstgriff noch effizienter gestalten. Machen Sie aus einem einfachen „Strudel" durch Einbeziehung ganzer Unternehmensgruppen die „Todesspirale". Als Leckerbissen für Freunde und Helden des Kooperationsinfernos garantiert die Todesspirale sensationellen Erfolg durch nachhaltigen Stillstand in der Zusammenarbeit.

Nutzen Sie als Führungskraft wiederum Ihre Mitarbeiter als Multiplikatoren! Fordern Sie diese auf, nach Fehlern der Gegenseite selbst dann zurückzuschlagen, wenn diese Fehler gar keine Auswirkungen auf den Zurückschlagenden selbst haben. Wir kennen das von den „Musketieren", wo es geheißen hat: „Einer für alle, alle für einen!" Wer gegen einen aus Ihren Reihen gearbeitet hat, darf von jedem dafür bestraft werden. Damit jedoch nicht genug! Die Bestrafung darf gleich der Sippenhaftung auf die gesamte gegnerische Gruppe ausgeweitet werden. Jeder „kommt dran" und wird sich in den Tumult einfügen.

Visualisieren Sie in einer Musestunde diese Vision, und es wird Ihnen „wie Schuppen von den Augen fallen", welches Potenzial in dieser Situation steckt. Der Strudel in den Abgrund und seine große Schwester, die Todesspirale, sind allein in der Lage, Zustände wie in einem „kleinen gallischen Dorf unter römischer Belagerung" herzustellen.

So unglaublich es klingt – auch diese Methode lässt sich nochmals verbessern. Lassen Sie die Lage eskalieren, bis „nichts mehr geht". Stellen Sie dann gemeinsam mit allen Beteiligten fest, dass „nichts mehr geht", und verkünden Sie vollmundig, dass man wohl darüber sprechen sollte.

Verlangen Sie eine Aussprache, an der Sie selber nicht teilnehmen. Schätzen Sie ab, wie lange es dauert, bis wieder ein Inferno entsteht, und vergleichen Sie Ihre Schätzung mit der tatsächlichen Dauer. Bieten Sie in der Folge Wetten darauf an, wann die nächste Stimmungsexplosion erfolgen wird und generieren Sie dadurch ein privates steuerfreies Nebeneinkommen.

Sollte die Situation durch Ermüdung beider Seiten zum Stillstand gekommen sein, schaffen Sie durch geschicktes „Zündeln" und Konzentration auf leicht veränderte Themengebiete wieder neue negative Energie innerhalb der Gruppe.

Zur Schmähung

Es mag auf den ersten Blick an die eigene Kindergartenzeit erinnern, als man andere mit allen Schimpfwörtern und Beleidigungen bedachte, die man in seinem kurzen Leben bereits gelernt hatte, doch bleibt die Schmähung anderer insbesondere im Kooperationsinferno ein Trumpf, den auszuspielen sich lohnt.

Verbinden Sie hier Phantasievolles mit Wirklichkeitsnahem, wenn Sie über Ihre Kooperationsfeinde befinden. Lassen Sie nichts aus und bemühen Sie sich nicht um Zurückhaltung. Gemäß dem Gesetz der Todesspirale wird sich die Gegenseite ebenfalls nicht zurückhalten, was Ihnen folglich noch bessere Möglichkeiten geben wird, „zünftig" auszuteilen.

Formulieren Sie Parolen, schreiben Sie Hasslieder! Was die intellektuell vergleichsweise simpel gestrickten Anhänger eines Fußballvereins zuwege bringen, können Sie schon lange. Schlachtgesänge gegen andere Abteilungen oder Schwesterunternehmen lassen das Kooperationsinferno in blühenden Farben erstrahlen.

Die Sonderdesaster

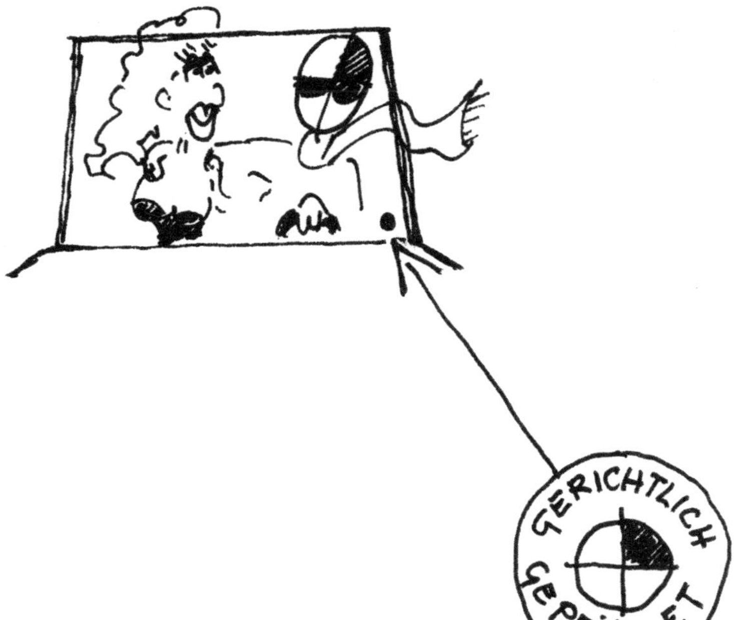

Einführung

Es gibt Desastermöglichkeiten, die sich kaum in ein Schema pressen lassen. Dies liegt entweder an den besonderen Inhalten des Desasters oder an der Einzigartigkeit der Anwendung. Außergewöhnliche Inhalte verspricht die Beschäftigung mit Infernos bei der Übergabe von Familienbetrieben, der Explosion von ausufernden Verwaltungstätigkeiten, der Sonderbehandlung für Lieferanten, der Verblendung durch externe Konsulenten, der Vernebelung durch Assistenten und mit Marketing- und PR-Katastrophen.

Diese Einzeldesaster sind für das Gelingen des *Betriebsdesasters* nicht weniger wichtig als Desaster anderer Kategorien.

Anleitung zum Familienbetriebsübergabeinferno

Kaum ein Thema eignet sich so sehr für nachhaltigen Misserfolg im Unternehmen wie der Generationenwechsel durch Betriebsübergabe in einem Familienunternehmen. Die „Anleitung zum Familienbetriebsübergabeinferno“ garantiert Ihnen bei konsequenter Befolgung herausragende Ergebnisse. Ein Chaos in der Nachfolgeregelung will durchdacht sein und bedarf intensiver Planung.

Zum Abgeben von Kompetenzen

Sehen Sie als Seniorchef das Abgeben von Kompetenzen als das, was es wirklich ist: höchst riskant und zu vermeiden. Die geschmeidigsten Betriebsübergabeinfernos sind doch in Wirklichkeit diejenigen, bei denen der Altgeschäftsführer als „heimlicher Boss“ noch alle Fäden in der Hand hat und sich Vetorechte vorbehält.

Bleiben Sie als „graue Eminenz“ im Hintergrund. Sorgen Sie aber dafür, dass ohne Ihre Zustimmung gar nichts geht. Lassen Sie Macht und Geschäftsanteile keine Sekunde los! Geben Sie Kompetenzen für Nichtigkeiten wie Briefpapierbestellung und die neue Wanddekoration großzügig weiter, und sichern Sie sich die volle Kontrolle über Entscheidungen bei Mitarbeitern und Finanzen.

Zur Arbeit

Sehen Sie eine stufenweise Arbeitsübernahme der Nachfolgegeneration als das, was sie wirklich ist: etwas für Weichlinge. Das „Hineinwachsen“ in den Betrieb der Eltern funktioniert für die Jugend am besten mit der vollen Arbeitsbelastung ohne Entscheidungsbefugnisse (siehe oben) ab dem ersten Tag.

Mit der eleganten Überlastung ist ein Desaster bereits vorprogrammiert. Schonen Sie niemanden, erst recht nicht Ihre Kinder. Zitat eines Holzindustriellen: *„Zuerst gibt man die Arbeit ab, dann lange nichts, und irgendwann vielleicht den Betrieb."*

Von den erfolgreichen Schitrainern wissen wir ja, dass man die Nachwuchsrennläufer gleich auf die steilsten und eisigsten Hänge schickt, damit es richtig gefährlich wird. Das nennt sich „Selektion". Wer diese Mühle übersteht, ist danach hoffentlich „ausgebrannt" oder sogar gänzlich „verheizt". Ein Herantasten an die Geschwindigkeit und der Aufbau in Etappen sind auch im Spitzensport nicht gefragt. Warum also sollten Ihre Kinder in den Genuss abgestimmter Arbeitsbelastung kommen?

Zum Tagesgeschäft

Sehen Sie die Kontrolle des Tagesgeschäftes als Ihre Hauptaufgabe. Kümmern Sie sich nach Ihrem Belieben um alle Belange Ihrer Wahl. Man kann nie wissen, ob nicht irgendwo „falsch" gearbeitet wird. Misstrauen Sie den Entscheidungen Ihrer Kinder, denn ... Kontrolle ist besser. Glauben Sie fest daran, dass keiner so gut wie Sie selbst weiß, wie Kunden und Lieferanten behandelt werden müssen. Bestehen Sie darauf, dass sich das Tagesgeschäft niemals ändert. So wie es gestern war, wird es sicherlich auch morgen sein, darauf kann man sich im *Betriebsdesaster* verlassen.

Zur Familie an sich

Sehen Sie das Familienunternehmen als einen Seitenarm der Familie. Die Rangordnung ist hier wie da die gleiche, diese muss stets berücksichtigt und darf nicht übergangen werden. Nehmen Sie unternehmensinterne Krisen mit nach Hause und umgekehrt. Sehen Sie Ihre Familienmitglieder als Billigarbeitskräfte, die Ihnen 24 Stunden am Tag zur Verfügung stehen und die Sie weder entsprechend entlohnen noch respektvoll behandeln müssen. Es handelt sich ja quasi um Ihre Leibeigenen.

Bearbeiten Sie berufliche Fragestellungen mit Lösungen aus dem Privatbereich. Denken Sie daran, die Familie ist der Betrieb und der Betrieb ist die Familie, Ihr *Betriebsdesaster* ist auch Ihr Familiendesaster! Lassen Sie Ihre negativen Emotionen zu Hause aus, denn so einen Betrieb zu führen kann sehr stressig sein, da braucht man auch hin und wieder ein Ventil!

Niemals dürfen Sie vergessen, dass der sicherste Weg zum Familienbetriebsübergabeinferno über Ihr Selbstverständnis als Seniorchef führt. Seien Sie restlos von sich selbst überzeugt, kontrollieren und kritisieren Sie Ihre Kinder und vor allem Ihre Schwiegerkinder in jeder Entscheidung. Die Folgen Ihres Handelns bleiben nachhaltig in Erinnerung.

Anleitung zur Verwaltungsexplosion

Sollten Sie in einem Betrieb der öffentlichen Verwaltung arbeiten, so kann auch Ihnen am verordneten Weg ins Desaster geholfen werden. Sie müssen sich gar nicht als Führungskraft zweiter Klasse fühlen. Ihre Desastermöglichkeiten sind systemimmanent und wahrscheinlich ausbaufähig.

Exzessive staatliche Verwaltung der Unternehmen eignet sich bestens für nachhaltigen Misserfolg in der Volkswirtschaft. Die „Anleitung zur Verwaltungsexplosion“ garantiert ein unwiderstehliches Überschäumen der Administration und will durchdacht sein. Verlieren Sie als Verantwortlicher der öffentlichen Hand den direkten Kontakt zur Wirklichkeit, es geht los!

Zu den Bedürfnissen

Sehen Sie die Bedürfnisse des Unternehmers als humorvolle Wunschvorstellungen einer abhängigen Gesellschaftsschicht. Amüsieren Sie sich ausgedehnt über die Naivität der Wirtschafstreibenden. Sollten diese annehmen, dass nach intensiver eigener Geschäftsvorbereitung und meistens zähen Finanzierungsverhandlungen nun der Weg frei wäre, um durch unternehmerische Leistung die notwendigen Gewinne zu erzielen, aus denen via Steueraufkommen sämtliche Staatsdiener bezahlt werden, so haben sich alle Beteiligten getäuscht. Erst wenn jedes Rädchen im Verwaltungsapparat sein O. K. gibt, darf gearbeitet werden.

Zur Arbeitsgeschwindigkeit

Sehen Sie eine ambitionierte Arbeitsgeschwindigkeit ab einem gewissen Tempo als der Gesundheit der Sachbearbeiter abträglich.

Arbeiten Sie so, als ob Sie unkündbar wären. Arbeiten Sie so, als würde Ihnen Ihre Tätigkeit keine Freude bereiten. Arbeiten Sie so, als hätten Sie keinen inneren Antrieb. Arbeiten Sie so, als hätten Sie ein Monopol auf Ihre Tätigkeit. Gehen Sie davon aus, dass niemand an Ihnen „vorbeikommt", weshalb sollten Sie also freundlich sein?

Arbeiten Sie mit monatelangen Fristen und schöpfen Sie diese aus, der Gesetzgeber wird sich bei deren Einräumung schon etwas gedacht haben. Stoppen Sie engagierte Kollegen oder machen Sie diesen pflichtbewusst das Leben schwer. Es könnten unangenehme Fragen auf Sie zukommen, wenn strebsame Beamte ihre harte Arbeit in der Hälfte der Zeit erledigen, die Sie dafür benötigen.

Zur „Arbeit" im Amt

Gehen Sie davon aus, dass Ihr Arbeitsbereich entscheidend für das Wohl Ihres Staates ist. Wenn die Volkswirtschaft ohne Ihren hoheitlichen Beitrag auskommen müsste, wäre der Untergang des Abendlandes vorprogrammiert. Ohne die Bescheide Ihres Bereiches und die vorausgegangene intensive Prüfung der Sachverhalte entstünde sofort Chaos. Es gilt, Beiräte zu hören, Gutachten einzufordern und Sachverständige zu konsultieren, die ihrerseits Selbstverständlichkeiten zu untersuchen haben.

Arbeitskreise sind zu bilden, Besprechungen abzuhalten und Lokalaugenscheine vorzunehmen. Nehmen Sie hierbei jede Möglichkeit wahr, um Ihre Wichtigkeit zu unterstreichen, und stellen Sie Fragen, die kein Anwesender beantworten kann. Halten Sie Monologe bei Besprechungen. Verlieren Sie sich in Einzelheiten. Erklären Sie in diesem Zuge die genauen Hintergründe und entscheidenden Fragen Ihrer Tätigkeit. Berichten Sie allen über die Wirrungen von Amtstiteln, Gehaltsstufen und Sonderzulagen, Ihre Zuhörerschaft wird es Ihnen danken.

Zu den Kosten

Ihre Arbeitsaufgaben sind kostenpflichtig, und das ist auch gut so. Wo kämen wir hin, wenn Ihre Leistungen bereits durch das Steueraufkommen gedeckt wären! Verwaltungsgebühren sind das Salz in der Suppe und geben den Antragstellern eine Idee davon, wer hier wen abkassiert. Auch Bußgelder eignen sich bestens, um gute Stimmung zu verbreiten. Strafen Sie wieder einmal nach Herzenslust. Arbeiten Sie nicht, strafen Sie! Verbessern Sie nicht, strafen Sie! Vermitteln Sie nicht, sondern … richtig – strafen Sie!

Anleitung zur Lieferantenpflanzerei

Wie wir wissen, ist die Wirtschaft ein Kreislauf. Damit es in Ihrem Unternehmen richtig bergab geht, genügt es nicht, die Mitarbeiter in die Verzweiflung zu treiben und die Kunden zu vergraulen. Setzen Sie auch bei Ihren Lieferanten an. Diese lassen sich zwar von vornherein eine Menge gefallen, doch auch dieses Verhalten hat Grenzen, die überschritten werden wollen.

Denken Sie daran, dass der Einkauf ausnahmslos über Ihren Tisch zu gehen hat. Wenn einer im Unternehmen Geld vernichtet, dann sind das in erster Linie Sie selber.

Zum Empfang

Hier gilt Ähnliches wie das zum Thema „Nullumsatz“ Gesagte. Begrüßen Sie den Vertreter höchst unfreundlich oder lassen Sie ihn gar nicht erst herein. Wenn er etwas zu berichten hat, soll er auf Knien zu Ihnen hinrutschen und währenddessen eine kleine Selbstgeißelung vollführen. Wann haben Sie das letzte Mal ein so farbenfrohes Schauspiel aus nächster Nähe sehen dürfen? Platz nehmen darf er auf einer möglichst alten Holzbank inmitten von Abfalltürmen oder Alteisen.

Freuen Sie sich aber nicht zu früh! Solche Vertreter halten eine Menge aus, speziell, wenn diese von ihrer eigenen Firma bereits „vordesastert“ sind (ich verweise auf die „Anleitung zur Geschäftskundenabwehr“). Stellen Sie klar: Wenn Sie bereits Ihre Kunden zur Schnecke machen, würde noch viel Schlimmeres mit einem Lieferanten passieren. Beschimpfen Sie alle! So können Sie kreativ und abwechslungsreich üben, welche Beschimpfungen wie wirken.

Betrachten Sie den Lieferanten als Ihre persönliche Laus im Pelz, die sich ohne etwas zu leisten auf Ihre Kosten bereichern will. Treten Sie dem entgegen, da Sie Ihr *Betriebsdesaster* so gestalten können, wie Sie wollen. Sie brauchen keine Unterstützung von Läusen.

Alle genannten Umstände gilt es sogleich beim Empfang klarzustellen. Auch verbale Einschüchterungen („Was wollen Sie denn hier? Verschwinden Sie, Sie Vertreter, Sie!") und eindeutige Drohgebärden helfen, gleich das richtige Verhältnis herzustellen. Man wird Sie verstehen und fürchten.

Zum Gespräch

Nehmen Sie sich ein wenig Zeit und spielen Sie mit dem Vertreter. Er wird es über sich ergehen lassen (müssen). Erzählen Sie ihm, was Ihnen schon immer auf dem Herzen lag. Sprechen Sie sich aus und er wird zuhören. Ihre Berichte über Familiengeschichten, Ihre Kindheit, Ihre ersten Autos und andere Banalitäten warten nur darauf, in kleinem Rahmen diskutiert zu werden.

Protzen Sie mit den von Ihnen im Sommer bevorzugten Urlaubsdestinationen und machen Sie dabei klar, dass Sie das Gespräch mit ihm überhaupt nicht interessiert. Berichten Sie von Ihren Hobbys, den Hobbys Ihrer Kinder, Ihrer allerliebsten Frau und Ihrer Geliebten, respektive Ihres Göttergatten und Ihres Liebhabers. Denken Sie daran, wie viel Arbeitszeit man so sinnlos verschleudern kann und welche phantastischen Auswirkungen das auf das *Betriebsdesaster* haben wird. Glauben Sie in diesem Moment fest daran, dass Sie ein Star am Firmament der Unternehmenszerstörer sind, ein echtes Ass!

Lassen Sie das Gespräch um alles auf der Welt nicht ins Sachliche abgleiten. Das bringt Sie nur in Schwierigkeiten. Gehen Sie davon aus, dass auch Ihr Besuch seine Zeit lediglich bei Ihnen „absitzen" will und gar kein Interesse hat, Ihnen etwas zu zeigen oder gar anzubieten. Vielleicht finden Sie auf diese Weise einen Gesprächspartner, der Ihnen zuhört und Ihre Sorgen teilt.

Zum Einkauf

Lassen Sie manchmal auch Ihre menschliche Seite durchblitzen und kaufen Sie etwas möglichst Teures. Machen Sie sich selbst und dem Vertreter eine Freude und tippen Sie auf irgendeinen Artikel, den Sie in hundertfacher Ausfertigung bestellen. Wichtig dabei ist, dass niemand in Ihrem Unternehmen etwas damit anfangen kann, wodurch Sie einen teuren, aber dafür aussichtslosen Entwicklungsprozess starten können. Vielleicht gibt der Einkauf ja auch Anlass für eine „gewaschene" Reklamation, welche die Lieferantenbeziehung wieder etwas abkühlen kann.

Sie können diesen Zeitvertreib auch mit mehreren Lieferanten betreiben und den Prozess dauerhaft in Ihre Organisation einbauen. Das nennt sich dann „Ausschreibung". Eine solche Ausschreibung hat den Vorteil, dass sie zeitintensiv ist, und die Auswertung eine Menge Kapazitäten bindet. Formulieren Sie ungewöhnliche bis unmögliche Ausschreibungskriterien und sonstige Anforderungen, damit auch die Anbieter ihren Spaß daran haben können. Schön an diesen Ausschreibungen ist, dass am Ende oft der zum Bestbieter wird, der von Ihnen vorab die wichtigsten Entscheidungskriterien erfahren hat und über Kostenfallen aufgeklärt wurde.

Besonders für Desaster in der Bauindustrie ist dieses Spiel zu empfehlen, da hier bereits geringe Mengen- und Massenverschiebungen ausreichen, um herrliche Ergebnisse zu erzielen.

Wenn Sie allerdings gar nichts Bestimmtes benötigen oder einfach mal nur „zum Drüberstreuen" eine desaströse Maßnahme im Einkauf setzen wollen, so können Sie auch einen „Pitch" durchführen. Laden Sie dazu einfach mehrere Dienstleister ein (egal welcher Herkunft), definieren Sie eine absurde Fragestellung und sehen Sie sich an, was Sie geboten bekommen. Freuen Sie sich auf ein Schauspiel erster Güte mit diversen Gastauftritten und demütigen Besuchen durch zu allem bereite Verkäufer. Die schönsten Vorstellungen werden meines Wissens von Marketing-, PR- und Werbeagenturen dargeboten, die mit schmissigen Begriffen und Konzepten ohne Zurückhaltung das Publikum begeistern. Sagen Sie nach der Vorstellung „Danke“ und melden Sie sich nicht mehr. Schätzen Sie nun, wie lange Sie von diesen Leuten noch kontaktiert werden, und schließen Sie wiederum mit Ihren Mitarbeitern Wetten darauf ab, wer als Erster aufgibt.

Zur Reklamation

Reklamieren Sie, wo Sie nur können, das gehört zu einem schneidigen Einkäufer wie die Butter aufs Wurstbrot. Eine ordentliche Reklamation bringt Schwung in den sonst eher tristen Alltag der Einkaufsabteilung. Jetzt dürfen Sie wieder drohen oder prozessieren oder am besten regressieren.

Gehen Sie auf Nummer sicher, und reklamieren Sie auch dort, wo es keinerlei Anlass dafür gibt. Erfinden Sie Probleme und Richtlinien, gegen die verstoßen wurde, seien Sie auf der Lauer und unterstellen Sie jedem, dass er Ihnen Ramsch andrehen will. Man wird Sie sehr ernst nehmen und lange im Gedächtnis behalten, und nach einiger Zeit werden Sie auch den Ramsch bekommen, den Sie für das Desaster so dringend benötigen.

Anleitung zur Unternehmensverblendung

Die Arbeit mit „Unternehmensverblendern“ ist die hohe Kunst des *Betriebsdesasters*. Vertrauen Sie keinesfalls Ihren eigenen Fähigkeiten im Abwirtschaften des Betriebes, sondern freuen Sie sich auf das, was Ihnen von Konsulenten mit Verblendungsgarantie verheißen wird, und vermeiden Sie allzu kritische Fragen. Unternehmensverblender kommen von außen und bleiben stets auch „außen vor“, Sie werden es sehr schnell merken. Der Unternehmensverblender ist das Gleitmittel auf der Rutschbahn ins Nirgendwo.

Zum Auftritt

Sehen Sie das Auftreten und das, was ein Unternehmensverblender unter „arbeiten“ versteht, als eine Show-Veranstaltung zu Ihrem Vergnügen. Stilvolle Gewänder und besondere Artikulation der Sprache in allen Lebenslagen sind sein Markenzeichen. Accessoires aus der Schauspielszene wie Halstücher und die Verwendung besonderer Rauchwaren geben Ihnen die Sicherheit, ein Original vor sich zu haben.

„Berufsjugendliche“ mittleren Alters im Outfit eines 18-Jährigen verpassen ihrem Auftreten durch bemühte Lockerheit die notwendige Skurrilität. Völlige Abgehobenheit im Dreiteiler mit sensationellen Spesen und Flügen erster Klasse hingegen bringt die erforderliche Seriosität in Betrieb und Desaster. Sie können ganz nach Ihrem Geschmack entscheiden, welcher Typ Verblender besser zu Ihnen passt.

Zum Vortrag

Unternehmensverblender sind für Sie und Ihre Mitarbeiter Überbringer unglaublicher Nachrichten. Lauschen Sie den Ausführungen über zukünftige Ereignisse, sensationelle Entwicklungen und besondere Konzepte. Vertrauen Sie darauf, dass der Verblender diese Konzepte niemals vorlegen oder umsetzen wird, da seine Genialität sich weder zu Papier bringen lässt, noch er von anderen richtig verstanden wird. Hier sagt das Desaster bereits leise „Meine Verehrung!“.

Verzichten Sie darauf, die Leistungen des professionellen Verblenders messbar zu machen, denn wie soll man Genialität, Inspiration und Durchsetzungskraft schon messen? Stundenlang schildert er mit überzeugender Selbstsicherheit, wie sich dank seines Einsatzes alles prächtigst entwickeln wird. Ein Top-Verblender wirft deshalb mit Forderungen und Ankündigungen nur so um sich. Lassen Sie sich von Umständen wie Planlosigkeit und Chaos in der Vorgehensweise oder permanentes Aussprechen nichtssagender Binsenweisheiten („Wir müssen uns mehr anstrengen!“, „Die Verkaufszahlen müssen sich ändern!“, „Die Kosten haben Priorität!“ etc.) begeistern. Jetzt müssen Sie nicht mehr allein am Untergang arbeiten, Sie haben profunde Hilfe erhalten.

Gefordert und beschrieben wird vom Verblender meist ein beliebiges, aber überaus phantasievolles Ergebnis - vermieden wird der Hinweis darauf, wie dieses zustande kommen soll. Sollten Ihren Mitarbeitern jemals Zweifel an der Sinnhaftigkeit kommen, so stellen Sie bitte klar, dass diese offensichtlich nicht über die notwendigen intellektuellen Fähigkeiten und besonderen Einblicke verfügen, die es braucht, um den grandiosen Ausführungen Ihres Verblenders folgen zu können. Kritische Fragen sind ein Zeichen von Schwäche und Kleingeist und daher nicht erwünscht.

Zu den Kosten

Sehen Sie die Kosten für einen Unternehmensverblender als eine Kleinigkeit im Verhältnis zu den von ihm angerichteten Katastrophen. Solche Leute sind nach eigenen Aussagen sowieso unbezahlbar. Sie hätten die Arbeit gar nicht nötig, sondern leisten sie um der Freude am Auftrag willen. Kann man mehr verlangen?

Arbeitsverträge werden stets auf lange Zeit abgeschlossen mit dem Hinweis, dass die Umsetzung der außerordentlichen Konzepte eben so viel Zeit in Anspruch nehme und man sie vorher nicht stoppen dürfe. Routinierte Verblender sind die Weltmeister im Produzieren enormer Spesen. Die besten verrechnen Leistungen, die sie niemals erbracht haben. Hieraus lässt sich erahnen, welche unglaubliche Genialität in ihnen steckt und welches Potenzial für das *Betriebsdesaster* hier schlummert.

Zu den Leistungen

Sehen Sie die Leistungen des Unternehmensverblenders als das, was sie wirklich sind: gähnende Leere – nichts Substanzielles. Wie sagen schon die Amerikaner: *„Every hero has his past and every fool has his future!"* Hinein ins Vergnügen!

Die Desaster Ihres Verblenders sind so süß wie seine Worte. Beachten Sie bitte, dass an den angerichteten Katastrophen stets andere Personen die Schuld tragen, niemals jedoch der Verblender selbst. Gehen Sie davon aus, dass er bei Misserfolgen umgehend einen Schuldigen für Sie ausmachen kann. Auf diese Weise können Sie die gesamte Organisation in das sich ausbreitende Chaos mit einbeziehen.

Anleitung zum Assistentendrama

Nicht immer müssen Sie an Ihrem *Betriebsdesaster* allein „schrauben". Mein Tipp: Gönnen Sie sich einen Desasterassistenten, mit dem Sie Ihre Unternehmenskultur vernichten können. Ein Assistent kostet nicht viel und kann so manches Desaster begünstigen und beschleunigen. Geübte Assistenten schaffen es sogar, ganz auf sich allein gestellt und ohne Ihr Zutun Katastrophen nach Belieben zu erzeugen.

Zur Verantwortung

Machen Sie Ihrem Assistenten klar, worum es geht. Er darf alles, hat aber keinerlei Verantwortung. Damit bringen Sie ihn sofort in eine Position, die an das betriebswirtschaftliche Schlaraffenland erinnert. Verfolgen Sie die weitere Entwicklung genau. Stellen Sie fest, wie lange es dauert, bis er allen anderen Mitarbeitern das Leben zur Hölle gemacht hat.

Unter Ihrer Schirmherrschaft wird der Assistent das Drama zur vollen Entfaltung bringen. Er wird sich als unüberwindbare Mauer innerhalb des Unternehmens positionieren, bis auch Sie selbst im dichten Nebel nicht mehr erkennen können, wer was macht. Dieser Zustand gilt als optimal, da in dem sich ausbreitenden Chaos niemand mehr wissen kann, was vor sich geht.

Nutzen Sie diese Chance, um in der Folge Ihrem Gehilfen immer mehr Macht zu übertragen. Der nächste Schritt ist das sogenannte „Überschäumen". An diesem Punkt übernimmt der Assistent das Kommando über das Desaster. Er agiert mutig und entschlossen, ohne Erfahrung oder gar Verantwortung und peilt zielsicher die Versenkung an.

Zum Wesen des Assistenten

Nicht jeder eignet sich für diese Aufgabe. Es bedarf einer Person mit ausgeprägtem Drang zur Macht und dem unbeugsamen Willen, diese auszuspielen. Die besten Dramen werden durch kaltherzige Egomanen erzielt. Achten Sie bereits bei der Auswahl darauf, dass sich eine erkennbare Rücksichtslosigkeit einerseits, und der Hang zum „Schreibtischtäter" andererseits zeigen.

Sie erkennen solche Zeitgenossen an übertrieben freundlichem Auftreten: *„Feingedrechselte Worte und ein wohlgefälliges Gebaren sind selten Zeichen wahrer Menschlichkeit"* (Konfuzius). Vertrauen Sie hierbei auf Ihre innere Stimme. Wenn nach einem Gespräch mit einem Bewerber ein übler Nachgeschmack bleibt, haben Sie die richtige Wahl getroffen. Dieser Kandidat hat die besten Chancen, Verwirrung zu stiften und die Stimmung unter den Nullpunkt zu drücken.

Beobachten Sie genau, wie er mit anderen umgeht. Übergeordneten Stellen wird mit überdrehter Freundlichkeit begegnet, während alle „Untergebenen" im Regelfall keines Blickes gewürdigt werden. Ihr Assistent liebt es, Ihre Befehle nicht nur umzusetzen, sondern sie noch zu verschärfen. Aus Ihrem Schatten der Verantwortung wird er nie treten müssen, weshalb er in jeder Lage gewillt ist, „scharf zu schießen".

Nachdem er all Ihre Agenden - selbstverständlich lediglich, um Sie zu entlasten - an sich gerissen hat, wird er zum Herrscher der Kommandozentrale. In Ihrem Fall bedeutet das die Übernahme sämtlicher Maßnahmen zur „Disziplinierung" des Personals inklusive Kündigungen, Entlassungen und Mobbing aller Art. Ihr Bild des Unternehmens wird zu jenem, welches er Ihnen erlaubt zu sehen. Sie unterschreiben, was er vorlegt, und werden zum Beifahrer, der erste Reihe fußfrei mit ansehen kann, wie sich das Drama entfaltet.

Zu den Folgen

Wie bereits angedeutet, wirkt die Beauftragung eines solchermaßen ausgewählten und umfassend betrauten Assistenten wie ein Brandbeschleuniger für ein Osterfeuer.

Ihre Mitarbeiter werden schnell merken, dass mit Ihrer neuen „rechten Hand" das Drama weiter zu wachsen vermag. Der Unmut in denjenigen Bereichen, die mit dem Assistenten zu tun haben, wird sich höchstwahrscheinlich umgehend einstellen. Von dort wird sich die Katastrophe weiter ausdehnen, bis es nur eine Frage der Zeit ist, wann auch im letzten Winkel Ihres Betriebes der allgemeine Unmut seine Kreise zieht.

Der Assistent wird von all dem kaum etwas in Erfahrung bringen. Dies macht ihn als Helfer des Desasters besonders wertvoll.

Erstens ist er zu sehr von sich selbst eingenommen, um irgendetwas von alledem zu erkennen, was um ihn herum passiert. Er wird es deswegen auch nicht merken, ob er mit seiner Vorgehensweise auf Zustimmung oder Ablehnung stößt.

Zweitens geht er davon aus, dass sämtliche seiner Aktionen und Entscheidungen die besten ihrer Art sind, weshalb er auf Meinungen anderer oder gar Zurufe von außen keine Rücksicht nimmt. Was der „Assi" beginnt, das setzt er perfekt um. Sollte es ausnahmsweise nicht perfekt sein, so hat sicherlich ein anderer eine Anweisung nicht verstanden und folglich schlecht umgesetzt.

Drittens hat man als Assistent viel zu viel um die Ohren, um sich mit Stimmungen oder Befindlichkeiten im Betrieb abzugeben. Er ist mal hier, mal dort, und hat Wichtigeres zu tun, als die Folgen seines Handelns zu beobachten. Diese Gleichgültigkeit gilt es auszunutzen. Wann hat man sonst die Möglichkeit, einen Ignoranten erster Güte so gezielt für den eigenen Untergang einsetzen zu können?

Genießen Sie die Entwicklung aus der Ferne und lassen Sie sich durch desaströse Vollzugsmeldungen den Nachmittag verschönern, wenn Sie erfahren, welch geniale Winkelzüge Ihr Assistent zum Wohle des Dramas vollführen konnte. Verlassen Sie sich auf die Überheblichkeit und die Selbstverliebtheit Ihres Gehilfen und zögern Sie nicht, diese mit allen erdenklichen Mitteln zu unterstützen. Hier und jetzt dürfen Sie ausnahmsweise nach Herzenslust loben und preisen. Er wird Ihnen alles glauben, was Sie sagen, denn Sie sind sein Guru.

Anleitung zur Selbstzerstörung

Das sicherlich wichtigste Instrument des *Betriebsdesasters* ist die Zerstörung der eigenen Person. Gehen Sie hier mit gutem Beispiel voran und beginnen Sie damit, sich selbst herunterzuwirtschaften. Zeigen Sie Ihren Mitarbeitern vor, wie man seinen eigenen Absturz inszeniert.

Zu Kompetenz und Konsum

Wie schwer muss ein *Betriebsdesaster* seinerzeit für Managementchaoten gewesen sein, als die Möglichkeiten des Konsums noch nicht so ausgeprägt waren wie heute.

Für die Zukunft ist das anders. Es gilt: Leben Sie nicht selber, sondern schauen Sie anderen dabei zu. Erwerben Sie keine Kompetenzen mehr, sondern kaufen Sie sich, was Sie benötigen, um glänzen zu können. Wen kümmert schon die eigene körperliche Verfassung, wenn Sie mit 500-PS-Limousinen durch die Gegend brettern können. Schauen Sie anderen im Fernsehen bei Spitzenleistungen zu, vermeiden Sie selbst aber jeglichen direkten Kontakt mit der Welt des Sports.

Lesen Sie nicht, das schadet womöglich den Augen. Sehen Sie fern und erfreuen Sie sich an den Kompetenzen anderer, während Ihre eigenen Potenziale langsam verkümmern. Werden Sie „Fan", „Anhänger" oder ganz normaler „Zuschauer"! Achten Sie darauf, dass Sie niemals aus Ihrer Passivität fliehen. Bleiben Sie deshalb vor dem TV sitzen, bis die Müdigkeit eintritt. Genehmigen Sie sich Rauchwaren und/oder Alkohol, um die Wirkung zu vervollkommnen.

Definieren Sie Ihre Hobbys neu! Es ist ab sofort nicht mehr notwendig, diesen selber nachzugehen, überlassen Sie diese mühevolle Aufgabe den Spezialisten. Sie genießen und schauen zu, wie jemand anderer sich anstrengt. Sportlichere unter Ihnen bevorzugen wahrscheinlich die Formel 1, Schifliegen, den Giro d'Italia, die Fußball-WM oder Wimbledon. Konsumieren Sie Ihre Hobbys vor dem Fernseher, in den Zeitungen oder meinetwegen auch im Internet. Bitte übertreiben Sie dabei nach Kräften, schonen Sie sich nicht und „fiebern" Sie voll mit.

Falls Sie doch Sport betreiben wollen, empfehle ich Ihnen Sportarten, deren schönste Augenblicke sind, wenn die Qual ein Ende hat. Starten Sie bei Achtfach-Triathlons oder Wüstendurchquerungen - Hauptsache, es geht Ihnen schlecht dabei. Sie müssen keine Angst vor Zwangspsychiatrierungen haben wie andere Masochisten, die sich beispielsweise mit Messern oder Rasierklingen quälen oder sich mit einem Hammer auf den Kopf schlagen. Im Gegensatz zu diesen Personen können Sie immer sagen, dass es sich um sportliche Betätigung handelt, die gesellschaftlich nicht als krank eingestuft wird, obwohl Sie sich beim Zusammenbrechen im Ziel fühlen, als wären Sie von einer Dampfwalze überrollt worden.

Werden Sie Feinschmecker! Vertiefen Sie sich in „Dialoge molekularer Küchen an bodenständigen Spezialitäten und exotischen Gaumenfreuden". Kochen Sie unter keinen Umständen selber, sondern lassen Sie kochen und konzentrieren Sie sich ganz auf die Nahrungsaufnahme! Werden Sie im Zuge der Entwicklung auch Weinkenner! Selbst wenn Sie mit verbundenen Augen keinen „Roten" von einem „Weißen" unterscheiden können, bestellen Sie stets Jahrgänge, die vor Ihrem Geburtsjahr liegen. Machen Sie laute, schmatzende und schlürfende Geräusche beim Degustieren. Schauen Sie dazu verträumt in Richtung Zimmerdecke und murmeln Sie Unverständliches über „Hanglagen", „lange Abgänge", „feuchte Konsistenz", „balancierte Finesse" und „Harmonie", während Sie in demonstrativer Verzückung und mit steinerner Miene Ihre Nase tief in den Rebensaft eintauchen, um gleich danach das Weinglas wild zu schwenken. Vor allem hemmungsloses Schwenken gefüllter Gläser bietet die Möglichkeit, auch Ihre unmittelbare

Umgebung mit „edlen Tropfen“ zu bedenken und so an Ihrer Darbietung hautnah teilhaben zu lassen.

Sollten es Ihnen die schönen Künste angetan haben, so werden Sie keinesfalls selbst als Maler, Musiker oder Bildhauer aktiv. Verstecken Sie sich hinter dem Argument, dass Sie kein Talent hätten und man in der hohen Kunst „nicht einfach so“ tätig werden dürfe. Dieses Argument bewahrt Sie davor, es selber versuchen zu müssen und eigenständig kreativ zu werden. Sammeln Sie! Werden Sie zum Konsumenten der Kunst und kaufen Sie, was die Portokasse zulässt. „Besitzen“ Sie Kunst und zeigen Sie anderen, wie gut Sie beispielsweise Statuen kaufen können. Bezahlen Sie irrwitzige Summen für Dinge ohne praktischen Wert und von eigentümlicher Schönheit.

Selbst wenn Sie ohne chemische und physikalische Analysen eine Kopie niemals vom Original unterscheiden könnten, bestehen Sie darauf, für Ihre psychische Gesundheit stets Originale zu benötigen. Berichten Sie mit ernstem Gesicht, dass es bei der Kunst viel zu „verstehen“ gäbe, über den Umstand hinaus, dass man davon erzählen könne, wie viel man für die letzte Akquisition ausgeben habe müssen, ... ja, „müssen“, denn es sei schließlich ein Schnäppchen gewesen. Wer zählt – der zahlt, und das ordentlich, es handelt sich schließlich um eine hochkomplexe Materie, die Sie wahrscheinlich nie in vollem Umfang verstehen können, aber dafür umso umfangreicher bezahlen werden. Erfreuen Sie sich am systemimmanenten Grundgedanken der Umverteilung Ihrer Gelder in gleichem Maße, wie sich seinerzeit die Indianer über Glasperlen der Europäer gefreut haben.

Für den Fall, dass Sie weder Sport- noch Glasperlenkonsument sein wollen, empfehle ich die Hinwendung zum Glücksspiel. Nirgendwo sonst funktioniert der Absturz so schnell wie hier. Wen wundert, dass der Staat und die katholische Kirche diesem Bereich spezielle wirtschaftliche Aufmerksamkeit widmen. Hier gibt es für alle etwas zu verdienen, solange Sie „mit Anstand“ verlieren. Ignorieren Sie die Wahrscheinlichkeitsrechnung und spielen Sie Lotto!

Auch wenn Sie eher vom Blitz gestreift werden als zu gewinnen, ist es doch immer wieder schön, sich für wenig Geld wöchentlich eine „Prise Hoffnung" kaufen zu können. Addieren Sie die solcherart über ein Jahr getätigten Ausgaben und freuen Sie sich darüber, dass Sie den Gegenwert eines stattlichen Urlaubs der Glücksspielgesellschaft gleichsam geschenkt haben.

Wenn Sie bereits dabei sind, sich selber zu zerstören, nehmen Sie doch Ihre Familie gleich mit. Involvieren Sie Familienmitglieder in dubiose Transaktionen oder borgen Sie sich hemmungslos bares Geld in Koffern, das Sie „ganz sicher" zurückzahlen werden, sobald Sie Ihr Veranlagungsgeschick unter Beweis gestellt haben. Gehen Sie davon aus, dass geteiltes Leid halbes Leid zu sein hat, weswegen man gar nicht genug Leute aus dem Verwandten- und Bekanntenkreis mit in den Abgrund ziehen kann. Ihr Untergang ist für alle da.

Zur Anstrengung

Jede Nacht vor dem Einschlafen denken Sie bitte Folgendes: Alles geht von selber, anstrengen ist Ihre Sache nicht. Die Mühen sind für die Unfähigen, Ihre Erfolge stellen sich automatisch ein.

Bestehen Sie darauf, dass in Ihrem Leben alles „wie am Schnürchen" läuft. Schweißtropfen auf der Stirn haben Sie schlimmstenfalls vom Saunaaufguss. Anstrengungen aller Art perlen an Ihnen ab wie Schweineschmalz an der Teflonpfanne. Sie genießen die Früchte, andere gießen die Pflanzen.

Schauen Sie zu, wie andere schuften, um auf deren Kosten zu glänzen. Erwarten Sie, dass sich dieser Zustand niemals ändern wird, da die Leute nichts dazulernen, und Sie eben immer wieder einen „Willigen" finden werden, der Ihnen alles zu Füßen legt. Negieren Sie die Wirrungen wirtschaftlicher und privater Entwicklungen und vertrauen Sie darauf, dass „das Universum" Ihre Wünsche erhören und natürlich auch erfüllen wird.

Lustwandeln Sie auf einer Wolke der Unantastbarkeit und erkennen Sie Ihr Leben als einfaches Spiel mit den Kräften des Kosmos. Alles wird Ihnen zufallen, alles ist vorherbestimmt, wozu dann noch arbeiten?

Zur Energie

Ihre Energie ist unendlich groß. Sie sind überhaupt der Beste und der Stärkste und von nichts und niemandem aufzuhalten.

Gehen Sie acht- und hemmungslos mit Ihrem Körper um! Schlafen Sie wenig, konsumieren Sie regelmäßig Genussmittel in Verbindung mit Suchtmitteln und bestehen Sie darauf, dass „Geselchtes länger hält". Ignorieren Sie Warnsignale Ihres Körpers und feiern Sie eine Party nach der anderen. Machen Sie die Nacht zum Tag und Kopfwehtabletten zu Ihren ständigen Begleitern.

Vertrauen Sie darauf, dass, was auch immer es sein könnte, Ihnen ganz sicher nicht passieren kann, weil es eben immer einen anderen trifft und treffen muss.

Tanken Sie Ihr Auto mit dem besten Sprit, füttern Sie Ihre Haustiere mit ausgewählten Nahrungsmitteln, aber genehmigen Sie sich selber Zucker, Fett, Salz, Nikotin und Koffein in unbegrenzten Mengen. Ihre Leistungsfähigkeit brauchen Sie ohnehin nicht mehr.

Zu schlechter Letzt

„ALS IHR STEUERBERATER MUSS ICH IHNEN LEIDER SAGEN: SIE SIND PLEITE!"

Das Schlimmste zum Schluss

Am Ende dieses Buches stellen Sie sich wahrscheinlich die Frage nach Ihren persönlichen Möglichkeiten zur effizienten Umsetzung eines *Betriebsdesasters*. Womöglich ist es mir gelungen, Sie so zu inspirieren, dass Sie sich umgehend ins betriebliche Unglück stürzen wollen. Vergessen Sie in diesem Fall keinesfalls die vielen anderen, die Sie mit in den Abgrund ziehen könnten. Das Desaster ist nicht für Sie allein gedacht!

Unter Umständen haben Sie sogar besondere Talente oder Voraussetzungen, die Sie theoretisch in die Lage bringen, ganze Volkswirtschaften zu vernichten. Ich sage Ihnen: Halten Sie ein! Ein *Betriebsdesaster* will entwickelt und nicht „über das Knie gebrochen" werden. Üben Sie sich in Demut vor der Aufgabe und nähern Sie sich dem Untergang bestimmt, aber auch mit gebührender Vorsicht.

Am Ende Ihres Weges zum Nullumsatz möchte ich Ihnen zwei Anleitungen mitgeben, die Sie fortan immer begleiten sollen. Zugegebenermaßen hätten diese ihren Platz auch an anderer Stelle dieses Buches finden können, doch wenn allgemein das Schönste zum Schluss kommen darf, so hat im *Betriebsdesaster* zu gelten: Ende schlecht, alles schlecht.

Die beiden letzten Anleitungen werden erst jetzt präsentiert, weil ein Desasterneuling vor lauter Tatendrang nur allzu leicht auf sie vergessen könnte. Es handelt sich um zwei Kernstücke des Desasters, den „Bewertungsfanatismus" und das „aufgeblasene Selbstwertgefühl". Mithilfe dieser zwei Werkzeuge können auch unerfahrene Leser jeglicher beruflichen Herkunft und Vorbildung sogleich in medias res gehen und ihren Tatendrang ausleben.

Anleitung zum Bewertungsfanatismus

Wenn Sie sich in einer Materie nicht ausreichend auskennen, so verzweifeln Sie nicht. Machen Sie es wie die leuchtenden Sterne des *Betriebsdesasters* und bewerten Sie alles und jeden. Kümmern Sie sich nicht um die zahlreichen Facetten eines Sachverhaltes, sondern bilden Sie sich sogleich eine Meinung, und tun Sie diese kund.

Sprechen Sie in Sätzen wie: „Das stimmt!“, oder bringen Sie einfach die Alternative „Das stimmt nicht!“. Bestimmen Sie, was „gut“ zu sein hat und was „schlecht“ ist. Wesentlich ist, dass Sie es einfach tun. Ob es eine gefestigte und fundierte Meinung wiedergibt oder nicht, ist völlig irrelevant. Sie können diese Sätze auch sagen, wenn Sie keinerlei Ahnung haben, worum es in der Diskussion geht. Es zählen der Schein des Augenblicks und Ihre Rolle als scheinbar Allwissender bei völliger Ahnungslosigkeit. Tun Sie so, als wäre Ihnen stets alles völlig klar, als wüssten Sie bestens Bescheid.

Verwickeln Sie Ihre Zuhörer sodann in völlig sinnfreie Diskussionen, die sich endlos im Kreis drehen. Denken Sie daran, dass Sie bei jedem dieser Gespräche im Bestfall Monologe führen, bis den Mitdiskutanten im wahrsten Sinne des Wortes „die Luft ausgeht“. Verbrauchen Sie Zeit und reservieren Sie sich das letzte Wort. Kommen Sie so lange nicht zur Ruhe, bis jede Bewertung ihren Adressaten erreicht hat. Gehen Sie davon aus, dass es für die Zuhörerschaft nichts Schöneres gibt, als von Ihnen unterrichtet zu werden. Sorgen Sie für Abwechslung, indem Sie ohne Vorwarnung die Monolog- in eine Prüfungssituation umwandeln und alle Personen in Hörweite abprüfen. Diese Vorgehensweise gibt Ihnen die Möglichkeit, danach sogleich eine Bewertungssituation anzuschließen.

Seien Sie so frei und bewerten Sie sich auch selber. Verteilen Sie großzügig Bestnoten und erwarten Sie Zustimmung zu diesem Urteil von Ihren Kollegen und Mitarbeitern. Sie wissen, dass Sie alles wissen und dadurch befähigt sind, andere zu belehren. Das schafft allgemein eine für das Desaster ausgezeichnete Grundstimmung im Unternehmen.

Und nun zum finalen Höhepunkt.

Anleitung zum aufgeblasenen Selbstwertgefühl

Die vorab genannten Überlegungen führen uns direkt in unser abschließendes Thema. Blasen Sie Ihr Selbstwertgefühl auf Kosten anderer auf, bis es kurz vor dem Zerbersten ist. Das *Betriebsdesaster* lebt vom „Selbstwertballon“ der Führungskraft.

Sollten Sie sich jetzt die Frage stellen, wie das Aufblasen am besten funktionieren kann, so habe ich für Sie die einzig richtige Antwort: Produzieren Sie heiße Luft! Das können Sie immer und überall tun. Auch in Ihrer arbeitsfreien Zeit haben Sie grandiose Möglichkeiten, sich inhaltsfrei zu inszenieren. Einige Beispiele:

Schmücken Sie sich mit schönen Autos und treten Sie bei Ampelrennen gegen deutlich unterlegene Gefährte an. Seien Sie ein Sieger im Straßenverkehr und schreiben Sie den Spritverbrauch Ihres Autos auf das Wunschkennzeichen. Lassen Sie alle wissen, dass Sie um drei Sekunden schneller auf 100 km/h sind als der Rest. Sammeln Sie diese drei Sekunden so lange, bis Sie mit der gesammelten Zeit einen Wochenendurlaub bestreiten können.

Mieten Sie einen Hubschrauber, der Sie zu einer Firmenveranstaltung bringt, zu der Ihre Mitarbeiter mit dem Bus anreisen müssen.

Protzen Sie mit diamantbesetzten Uhren und sonstigen Accessoires wie Siegelringen, Goldketten und Pelzroben. Kaufen Sie sich Designerunterwäsche und tragen Sie diese so, dass man die Marke jederzeit erspähen kann! Schimpfen Sie über jeden, der Ihnen in den Sinn kommt. Alle anderen sind Versager und sollten dieses Umstandes auch gewahr werden. Sie sorgen lediglich dafür, dass sie auch erkennen, in welch aussichtsloser Lage sie sich befinden.

Sie sind das *Betriebsdesaster* und das *Betriebsdesaster* ist mit Ihnen. Heute stehen Sie vor dem Abgrund und morgen sind Sie bereits einen Schritt weiter.

Genießen Sie den Untergang!

Quellenverzeichnis

Seite 20
Das Krokodil und sein Nilpferd (Originaltitel: Io sto con gli ippopotami); Denver Film Productions; Tobis; Italien 1979 (Regie: Italo Zingarelli; Deutsche Bearbeitung: Rainer Brandt Filmproduktion, Berlin; Dialogbuch und Dialogregie: Rainer Brandt)

Seite 24
Die Toten Hosen, Alles wird vorübergehen; Zurück zum Glück; JKP; Sony Music; 2004; (Text: Andreas Frege)

Seite 44
Rainald Grebe & die Kapelle der Versöhnung, Unterschiede; Rainald Grebe & die Kapelle der Versöhnung; Wortart/Made in Cologne; Tonpool; 2005; (Text: Rainald Grebe)

Seite 46
Erste Allgemeine Verunsicherung, Guru; À la Carte; EMI Columbia Austria; EMI; 1984; (Text: Mario Bottazzi, Thomas Spitzer)

Seite 56
Adam Ant, Room At The Top; Manners And Physique; MCA Records; 1990; (Text: Adam Ant, André Cymone, Marco Pirroni)

Seite 60
Josef Hader, So ist das Leben; Privat; Geco; Indigo; 1997; (Text: Josef Hader)

Seite 64
Helmut Qualtinger, Der Halbwilde; Helmut Qualtinger singt Gerhard Bronner - Rhapsodie in Halbstark; Kabarett aus Wien - KW 1; 1958; (Text: Gerhard Bronner)

Seite 98
Die Doofen (Wigald Boning & Olli Dittrich), Mief! (Nimm mich jetzt, auch wenn ich stinke); Lieder, die die Welt nicht braucht; Sing Sing; BMG Ariola; 1995; (Text: Wigald Boning)

Über den Autor

Christian A. Pongratz, geboren 1973 in Klagenfurt/Kärnten, studierte Rechtswissenschaften und Betriebswirtschaftslehre in Graz und Salzburg/Österreich, Castellanza/Italien, Las Palmas de Gran Canaria/Spanien und Stockholm/Schweden (Dr. iur. et Dr. rer. soc. oec.).

Lehrerfahrung als Gastprofessor an der *Università Commerciale Luigi Bocconi* (Milano/Italien) und Lektor an der *Donau-Universität Krems* (Österreich) sowie der *Fachhochschule Kärnten* (Österreich). Spezialisierungen in den Bereichen Arbeitsrecht, Soziologie, Personalmanagement und Marketing.

Tätigkeit als Unternehmensberater *(durchdacht.cc)* und Wirtschaftskabarettist *(betriebsdesaster.cc)* in Österreich, Deutschland und Italien.

Laufende Veröffentlichungen als Kolumnist für die Tageszeitungen „Kronen Zeitung“ (Expertenforum) und „Wirtschaftsblatt“ (Gastkommentar).

Wissenschaftliche Veröffentlichungen: Management Education by Comparative Law (2003); Die Bildungspyramide (gemeinsam mit Peter Hochegger, 2002); Erfolgsfaktoren von Franchising bei Nonprofit-Unternehmen (2002); Massentourismus (2001); Der Arbeitsvertrag in Schweden (2000).